Las preguntas de la vida
Las respuestas de Dios

POR Brad Alles

EDITORIAL CONCORDIA • SAINT LOUIS

3558 South Jefferson Avenue, Saint Louis, MO 63118-3968 U.S.A.
1-877-8694 • editorial.cph.org

Título original en inglés: Life's Big Questions, God's Big Answers
Traductor: Rev. Ewaldo E. Beckmann
Editor de la versión castellana: Rev. Héctor E. Hoppe

Editorial Concordia es la división hispana de Concordia Publishing House
Impreso en los Estados Unidos de América

1 2 3 4 5 6 7 8 9 10 22 21 20 19 18 17 16 15 14 13

Contenido

Reconocimientos

Quiero agradecer a mi editor de Concordia Publishing House, Mark Sengele, por la oportunidad de poder compartir algunas experiencias e información adquiridas durante más de veinte años de estar en las aulas dictando clases de religión en las escuelas secundarias luteranas. También le estoy agradecido a Paul Bahr, rector de la escuela secundaria luterana de Milwuakee, y al reverendo pastor Bruce Arman, presidente del departamento de religión de la escuela secundaria luterana de Milwuakee, por alentarme a compartir mis ideas en un libro.Vaya mi particular gratitud a quienes leyeron o discutieron las secciones del libro: Randy Weyhrich, Kevin Roach, Molly Gobeli, Andres Garuz, Brenda Mueller, Lauren Pankow, Dr. Angus Menuge, Dr. Gary Lochlair, y Ward Alles. Las apreciaciones de ustedes fueron realmente invaluables.

Quiero dar gracias a mis padres por su amor sin límites, su apoyo y aliento; mi más profunda gratitud a mi esposa Nelly, la que siempre escucha, comprende, alienta y aconseja. Los amo muchísimo. El libro está dedicado a nuestras hijas, Makiah y Kaleah. Espero que ambas encuentren respuesta a todos sus interrogantes en Jesús: el camino, la verdad y la vida.

Introducción

El porqué de Las preguntas de la vida, las respuestas de Dios

Según una encuesta Barna del 2002, el setenta por ciento de la juventud de la iglesia abandonó el hogar después de la secundaria, y después abandonó la iglesia.[1] Al preguntárseles por el motivo de haber dejado la iglesia, el 32 por ciento (en una pregunta de respuesta libre) adujo escepticismo intelectual, que la religión no tenía sentido, que no había pruebas, o que no había respuestas a preguntas legítimas (Encuesta nacional del 2005 acerca de la juventud y la religión).[2] Las personas tienen preguntas, ¿tiene respuestas la iglesia?

Nuestra cultura redefinió algunos términos que afectan a la gente y el modo en que procesan la palabra de Dios. Por ejemplo, un 70 por ciento de los jóvenes de la iglesia dice que no hay una verdad absoluta, ya que la verdad la establecen los individuos y las culturas.[3] Ser tolerante quiere decir que las creencias de todo el mundo son iguales, que no hay una verdad que sea más grande que cualquier otra. Además, nadie tiene el derecho de juzgar a nadie, ya que pretender objetividad respecto a la verdad, o juzgar las creencias y estilo de vida de los demás, implica tratar de dominarlos.[4] Muchos afirman que no hay verdad. ¿Es cierto esto?

Josh McDowell remarca que el punto de vista de los jóvenes respecto a su iglesia y los grupos de jóvenes no es positivo. Aparte de los cultos públicos en la iglesia, los cuales son simplemente ocasiones de las que se participa sin relacionarse con la gente, los jóvenes consideran la adoración irrelevante en relación con las cuestiones de hoy día. Por lo demás, los grupos de jóvenes son por lo general aburridos, con voluntarios sin entrenamiento, y poco contenido.[5] La juventud dice que la confraternización carece de importancia. ¿Tiene la iglesia algo que decir hoy día?

Siendo que muchas personas tienen preguntas acerca de la sinceridad de su fe en una cultura que afirma que no hay verdad, ¿qué hacemos para mostrarles que el cristianismo es verdadero, y que Jesús es una persona real? ¿Qué podemos hacer para mantenerlas en la única fe verdadera? Abrigo la esperanza de que este libro brindará respuestas a las preguntas de muchas personas, y dejará traslucir la verdad que es relevante para nosotros hoy día.

Durante más de veinte años he dictado clases de religión en dos escuelas secundarias luteranas. Durante este tiempo me invitaron, en quince Estados, a hablarles a los jóvenes y a sus maestros acerca de diferentes temas. Dondequiera que voy, las personas tienen las mismas preguntas básicas. Los jóvenes desean estudiar la Biblia, pero también quieren tener la certeza de que es verdadera. Es más, quieren saber cómo aplicarla a sus vidas. De modo que cuando vuelvo a mi ciudad comienzo todos los días cada clase con la misma metodología: ¿hay preguntas que debamos responder? He aprendido que si explicamos por qué el cristianismo es verdadero y por qué podemos confiar en la Biblia, los alumnos salen fortalecidos en su fe. A continuación un correo electrónico de Jackie, una alumna graduada del 2008 de la escuela secundaria luterana de Milwuakee. Después de su primer año de universidad escribió:

> **Deseo manifestarle mi sincero agradecimiento por el año pasado. Mi fe se fortaleció grandemente durante mis últimos dos años en el colegio luterano de Milwuakee. Sus clases significaron muchísimo para mí, y realmente no sé que habría sido de mí sin éstas. Y me pregunto cómo sobrevive la gente que no tiene fe. Usted es uno de los hombres de Dios a quien más respeto, y desearía poder conocer la Biblia como la conoce usted. Sin sus clases no podría responder ni la mitad de las preguntas con las que ya tuve que enfrentarme este año. Así que quiero decirle simplemente: "muchas gracias" por ayudarme a crecer.**

Quiera Dios que por el poder del Espíritu Santo todos crezcamos en la fe, y que este libro arroje luz sobre los temas que inquietan a las personas que buscan la verdad, y que la encuentren en Jesucristo, que es el camino, la verdad y la vida (Juan 14:6).

Capítulo 1

¿Está preparado para defender su fe?

Si alguien le preguntara por qué es cristiano, ¿qué respondería? ¿Diría que es cristiano porque así lo educaron, o diría que es cristiano porque "simplemente cree"? ¿No se adecua esta respuesta más bien a una persona de otra fe, quizá un musulmán o un hindú? Cuando uno presenta tales respuestas a la pregunta, éstas revelan un fundamento por demás débil al por qué uno cree en el cristianismo. ¿Cuenta usted con una sólida defensa acerca de por qué cree en lo que hace? Hay una respuesta mucho mejor para la pregunta de por qué uno es cristiano. Usted es cristiano porque el cristianismo es verdad. ¿Cómo salir en defensa de esta afirmación? Éste es el propósito de todo el libro. De modo que, bienvenido al maravilloso mundo de la apologética.

La apologética es, por definición, la defensa de sus acciones o creencias. Es explicar por qué cree lo que cree. El concepto lo encontramos en la Biblia en 1 Pedro 3:15-16.

> **Más bien, honren en su corazón a Cristo como Señor. Estén siempre preparados para responder a todo el que les pida razón de la esperanza que hay en ustedes. Pero háganlo con gentileza y respeto, manteniendo la conciencia limpia, para que los que hablan mal de la buena conducta de ustedes en Cristo, se avergüencen de sus calumnias.**

Debemos estar preparados siempre para compartir amable y respetuosamente la razón de la esperanza que tenemos, de por qué creemos en Jesús como Salvador que nos rescató de nuestra condición pecaminosa y un día nos otorgará vida eterna en el cielo.

Al defender nuestra fe, y explicar por qué creemos en Jesús como Salvador, lo que decimos reviste importancia; el contenido de la apologética tiene que ser sólido. Debemos conocer los hechos y estar equipados de conocimiento. Sin embargo, esto es sólo una parte de la defensa. La otra parte de la defensa de nuestra fe es cómo lo decimos, la comunicación de los hechos y del conocimiento. Pedro nos aleccionó a valernos de "gentileza y respeto" al explicar la esperanza que tenemos en Cristo. Pablo, por inspiración del Espíritu, dice algo similar en 2 Timoteo 2:24-26.

> **Y un siervo del Señor no debe andar peleando; más bien, debe ser amable con todos, capaz de enseñar y no propenso a irritarse. Así, humildemente, debe corregir a los adversarios, con la esperanza de que Dios les conceda el arrepentimiento para conocer la verdad, de modo que se despierten y escapen de la trampa en que el diablo los tiene cautivos, sumisos a su voluntad.**

La gente tiene que oír la verdad, y el modo en que usted la comunique afectará considerablemente el resultado. Ser un sabelotodo o ser condescendiente no es lo apropiado; nuestro llamamiento de parte de Dios es que seamos amables al instruir a los demás.

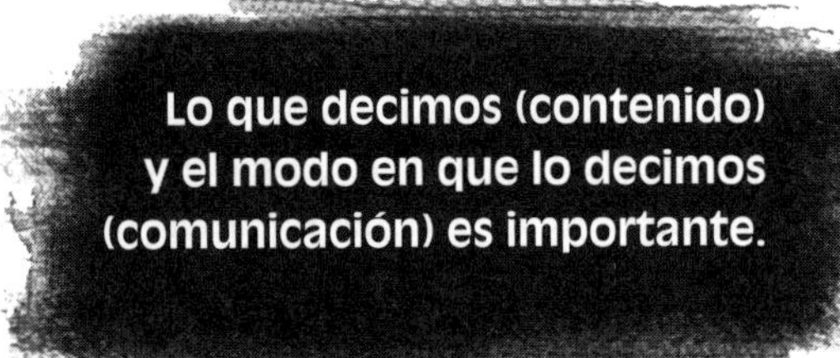

Aquí Pablo trae a colación otro aspecto importante de la apologética. Recuerde que Dios es quien salva a las personas, no usted. Por cierto, debemos estar al tanto de la información y de cómo compartirla adecuadamente: el "qué y cómo" de la apologética. Pero nuestro conocimiento e instrucción no transformarán el corazón pecaminoso de nadie; sólo Dios el Espíritu Santo puede hacerlo. Él convencerá al pecador de su condición por medio de la ley, y le revelará el remedio para su condición pecaminosa mediante el evangelio.

Motivos por los que la gente rechaza a Cristo

Incluso cuando compartimos el evangelio y ejercitamos la apologética, habrá personas que no creerán lo que tenemos que decir. En el libro *The New Evidence That Demands A Verdict,* (La nueva evidencia que exige un veredicto) Joseph McDowell explica:[6] Hay quienes no creerán, porque se encuentran en una "trampa del diablo, después de que él los atrapó a fin de hacer su voluntad" (2 Timoteo 2:26). La guerra espiritual es algo real. Cuando Jesús relató la parábola del sembrador y la semilla, dijo que la semilla cae en caminos donde los pájaros se la comen antes de que pueda echar raíces. Jesús explicó lo que quiso decir, en Lucas 8:11-12:

> **Éste es el significado de la parábola: La semilla es la palabra de Dios. Los que están junto al camino son los que oyen, pero luego viene el diablo y les quita la palabra del corazón, no sea que crean y se salven.**

Uno puede salir en defensa de la fe empleando correctamente el contenido y la comunicación, pero habrá quienes no crean porque el diablo les está haciendo la guerra.

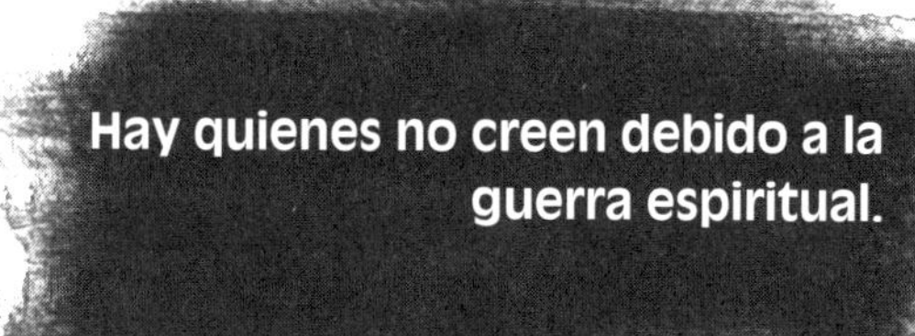

Otra razón por la que algunos no son convertidos al cristianismo después de haberles explicado usted por qué cree en lo que hace, se debe a que las personas rehúsan tercamente admitir que están equivocadas. Jesús debió enfrentar una actitud similar en Juan 5:39-40: "Ustedes estudian con diligencia las Escrituras porque piensan que en ellas hallan la vida eterna. ¡Y son ellas las que dan testimonio a mi favor! Sin embargo, ustedes no quieren venir a mí para tener esa vida." Los guías religiosos de la época de Jesús no acudieron a él, pese a que Jesús cumplió las profecías del Antiguo Testamento. Ante la evidencia de un rechazo tan soberbio de la verdad, vemos por qué nuestro llamamiento es ejercer la apologética con "gentileza y respeto". Es muy fácil enojarse con la gente, pero tal actitud no lo beneficiará a usted en su testimonio.

¡Hay quienes no creen debido a su orgullosa negativa a admitir que están equivocados!

Un tercer motivo por el que algunas personas rechazan la fe es que hacerse cristiano significa abandonar un estilo de vida de pecado. Jesús lo explicó en Juan 3:20, al expresar: "Pues todo el que hace lo malo aborrece la luz, y no se acerca a ella por temor a que sus obras queden al descubierto." Al defender la fe uno puede expresar lo que es correcto de un modo también correcto, pero habrá quienes escojan permanecer en su pecado en vez de recibir al Salvador. Puede ser que sientan que no son tan malos, o que se convertirán más adelante.

Hay quienes no creen debido a que no están dispuestos a cambiar su estilo de vida.

Conocer las tres razones por las que algunas personas rechazan el mensaje cristiano, nos ayuda a diagnosticar por qué la gente no es convertida. Debemos darnos cuenta de que incluso cuando algunos rechazan la fe, no hemos desperdiciado nuestro tiempo, ya que la palabra de Dios es eficaz.

> **Así como la lluvia y la nieve descienden del cielo, y no vuelven allá sin regar antes la tierra y hacerla fecundar y germinar para que dé semilla al que siembra y pan al que come, así es también la palabra que sale de mi boca: No volverá a mí vacía, sino que hará lo que yo deseo y cumplirá con mis propósitos. Isaías 55:10-11**

Por lo demás, más adelante alguien podrá agregar algo a lo que hemos compartido, y en última instancia es el Espíritu Santo quien opera el cambio en las personas, como dijo Pablo en 1 Corintios 3:6-7: "Yo sembré, Apolos regó, pero Dios ha dado el crecimiento. Así que no cuenta ni el que siembra ni el que riega, sino sólo Dios, quien es el que hace crecer." La apologética no es algo fácil, ¡pero decididamente vale la pena!

Capítulo 2

¿Qué es una cosmovisión?

Si va a hacer una apología de la fe cristiana ante quien fuere, ya sea un mahometano o un ateo, es necesario que comprenda la cosmovisión de ellos. Una cosmovisión consiste en la afirmación de la verdad que explica el mundo y todo lo que existe. Le ayuda a las personas a entender el mundo, viene a ser como un mapa del que se valen para navegar por la vida.[7] Su cosmovisión les dirá qué cosa es real, cómo vivir y encontrar respuestas a preguntas básicas.[8] Por ejemplo, el cristianismo enseña que Dios existe, que la fe en Jesús salva a las personas de sus pecados, y que hurtar es pecado.

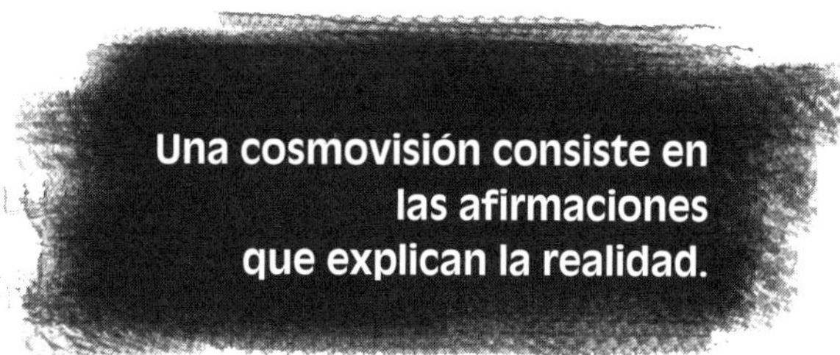

Desde el punto de vista técnico, las religiones y las filosofías tienen cosmovisiones formales, y las personas adoptan cosmovisiones personales. El cristianismo y el humanismo secular, ambos de primer orden en los Estados Unidos, tienen cosmovisiones formales que explican la realidad, el comportamiento, y ofrecen respuestas a las preguntas que plantean las personas. No obstante, las cosmovisiones personales aplican un punto de vista más amplio a la vida de una persona. Un individuo, con su cosmovisión personal, en realidad se vale de la cosmovisión formal a fin de tomar decisiones y poder vivir. Si una cosmovisión formal es el mapa para navegar por la vida, entonces una cosmovisión personal en realidad implica el uso del mapa para ir a dondequiera que sea. Curiosamente, las cosmovisiones formales y las personales pocas veces coinciden. Dicho de otro modo, las personas pocas veces utilizan su mapa; simplemente lo guardan en la guantera.

A fin de ilustrar el concepto, considere lo que el cristianismo dice respecto a Satanás. La cosmovisión formal cristiana afirma con toda claridad que hay una realidad natural y otra sobrenatural, y que hay una entidad que se llama el diablo. No obstante, George Barna mostró en su libro *Third Millennium Teens* (Adolescentes del tercer milenio) que un 65 por ciento de la juventud cristiana no cree que exista el diablo.[9] Dos tercios de los adolescentes cristianos rechazan este aspecto doctrinal de la cosmovisión formal y, personalmente, no están de acuerdo con él. Sus cosmovisiones personales y formales no se vinculan, y su falta de consistencia es obvia. Pero no sólo los cristianos son inconsistentes e hipócritas; la mayoría de las personas fracasan en el empleo de su cosmovisión formal en la personal, sean religiosos o no. Por ejemplo, según una encuesta mundial del 2007 respecto a las tendencias de la religión y la vida, ¡el 21 por ciento de los ateos dijo que creían en Dios o en un espíritu universal![10]

Las cosmovisiones formales y personales pocas veces se alinean, lo que lleva a la hipocresía e inconsistencia.

Componentes de la cosmovisión

Si una cosmovisión es la afirmación de la verdad que explica el mundo y la realidad, ¿cuáles son entonces estas afirmaciones tan particulares? En primer lugar, todas las cosmovisiones comienzan con presuposiciones religiosas o filosóficas, incluso si afirman lo contrario.[11] Si no comprendemos este hecho, nos perdemos una oportunidad clave de testimonio en ocasiones cuando la gente comparte su cosmovisión. Todo el mundo tiene que comenzar por algún lado; el "mapa" de la cosmovisión necesita un punto de partida, de modo que se hacen presuposiciones. Por ejemplo, el ateísmo afirma que Dios no existe. Por contraste, el cristianismo afirma que Dios existe (teísmo), y que se revela por medio de su creación y su Palabra. Ambos parten de una presuposición: o existe Dios, o no existe. Una pregunta a plantear sería: "¿Cómo sabe usted que existe (o no) Dios?" Un cristiano podrá responder diciendo que Dios existe porque hay un mundo ordenado, y un orden moral en el mundo. Dicho de otro modo, ¿quién, si no Dios, hizo que todo funcione con un orden preciso, y quién, si no él, creó al género humano con un sentido del bien y del mal? (Más adelante examinaremos esta línea defensiva con más detalle). Por otra parte, cuando el ateo afirma que no hay Dios, ¿cómo puede hacer una declaración tan absoluta? ¿Acaso sabe todo? ¿Viajó por todo el universo y ahora sabe sin sombra de duda que no hay un reino sobrenatural?

¿Cuán poderoso es este punto de partida o presuposición para el mapa de la cosmovisión? Algunas personas, como el profesor Dr. Scout Todd del Estado de Kansas, EE.UU., no aceptan que haya un arquitecto inteligente porque Dios no encaja dentro de su cosmovisión.[12] En otras palabras: "¡No me confundan con los hechos, ya he tomado mi decisión! Dios no existe." Todas las cosmovisiones tienen que tener un punto de partida. Lo que lo hace significativo es que esta presuposición puede llevarlo a uno por diferentes caminos que explican la vida y cómo debemos comportarnos al desplegar cada mapa de cosmovisión.

En segundo lugar, todas las cosmovisiones tienen convicciones acerca de la realidad y el origen de todo.[13] Otro término para esto es filosofía. El Dr. Todd del Estado de Kansas mencionó el naturalismo, la creencia de que la realidad consta solamente de la materia, o las cosas naturales, prescindiendo de un reino sobrenatural. Todo lo que existe es ni más ni menos lo que vemos en el mundo de la naturaleza; no existen adicionalmente poderes espirituales o regiones sobrenaturales. Si el mundo material es todo lo que hay, ¿de dónde surgió? Carl Sagan dice en su libro y series de video *Cosmos,* que el cosmos es lo único que siempre existirá.[14] ¿Ve usted la presuposición y la resultante explicación de toda la realidad? Todo lo que existió en el pasado, lo que existe ahora y lo que existirá, es la materia, y ésta se ordenó a sí misma con una precisión de reloj. El concepto lo discutiremos en detalle más adelante cuando abordemos el tema de la creación y la evolución. Sin embargo, sepa que esta filosofía de la "ausencia de Dios" tendrá un tremendo impacto en la ética o la convicción de vida. Contraste ahora la explicación del cristianismo acerca de la realidad y el origen de todas las cosas. Dios existe, y él es el origen de todas las cosas, del reino natural y sobrenatural, "porque por medio de él fueron creadas todas las cosas en el cielo y en la tierra, visibles e invisibles, sean tronos, poderes, principados o autoridades: todo ha sido creado por medio de él y para él" (Colosenses 1:16). Los cristianos tienen una explicación para los fenómenos más allá del reino natural, como ser Dios, los milagros, ángeles, y demonios. El ateísmo y el humanismo secular no tienen una explicación para lo sobrenatural, ya que presuponen que no existe, y por tanto no habrá respuestas para tales fenómenos. Esto será crucial en la defensa de la fe y en el testimonio acerca de Dios, porque todas las personas tendrán que enfrentarse a lo milagroso o a lo que no tiene explicación en sus vidas. Habrá quienes digan que su mapa no incluye la esfera de lo sobrenatural, pero no es lo que experimentan en la vida. Su mapa de la cosmovisión y su realidad no tendrán correlación, y usted podrá brindarles un testimonio poderoso.

Todas las cosmovisiones nos dicen qué es la realidad y cuál es el origen de todas las cosas.

En tercer lugar, todas las cosmovisiones cuentan con convicciones acerca de cómo vivir.[15] Otro término para esto es <u>ética</u>. Recuerde que según el ateísmo, no hay Dios. Además, el humanismo secular cree que no existe una esfera sobrenatural, sino solamente el mundo natural en el que vivimos. Cuando se trata de responder preguntas acerca de cómo debemos comportarnos, no existe autoridad definitiva. Siendo que no hay Dios, cada uno decide (o el gobierno decide) qué es bueno y qué es malo. Esto se llama relativismo moral. La presuposición de que somos competentes para hacerlo se apoya en la creencia de que el hombre es básicamente bueno, o neutral en el peor de los casos, pero no pecador como enseña la Biblia. El punto de vista tiene enormes implicancias. Considere a Peter Singer, profesor de bioética de la universidad de Princeton y del tema de la matanza de niños recién nacidos, o infanticidio. En sus escritos, el profesor Singer afirma que los niños de menos de un mes no tienen conciencia, y que por lo tanto no tienen los mismos derechos que los demás. Consecuentemente, matar o exponer a la inanición a los niños defectuosos no es malo.[16]

Uno no puede minimizar la importancia de las cosmovisiones y las posturas éticas resultantes. Uno no se levanta simplemente una mañana y piensa de pronto que está bien eso de matar bebés. Las cosmovisiones a las que las personas se ven expuestas están compuestas por ideas, y las ideas tienen consecuencias.[17] Ya sea consciente o inconscientemente, los conceptos de cosmovisión ejercen influencia sobre nosotros. Tales mapas pueden llevarnos literalmente por senderos de muerte.

El cristianismo, por otro lado, nos conduce hacia la vida, la vida eterna en el cielo por la fe en la perfecta vida de Jesús y su muerte sacrificial por nosotros. También nos conduce en la vida, a fin de vivir en armonía con la voluntad de Dios. La postura ética del cristianismo consiste en una moral incuestionable: Dios ha declarado lo que es permisible y lo que no lo es, de acuerdo con su carácter santo y perfecto. Él sabe qué es lo que más nos conviene, ya que él nos creó, y lo revela en la Biblia, así como un fabricante de automóviles le entrega un manual del vehículo al venderle un auto. Volviendo a la analogía del mapa, la cosmovisión cristiana le permitirá navegar por la vida del mejor modo hasta alcanzar su destino, el cielo, algo que se nos promete por medio de Jesús, quien es "el camino, la verdad y la vida" (Juan 14:6).

En cuarto lugar, todas las cosmovisiones tienen que dar respuestas a preguntas fundamentales. Son preguntas que todas las personas ponderan, cuestiones universales que atañen a todo el género humano. Las preguntas a las que todos queremos respuestas son: ¿De dónde venimos? ¿Por qué estamos aquí? ¿Qué podemos hacer respecto a la maldad y el sufrimiento? ¿Qué sucede cuando morimos? O dicho de otro modo: ¿cuál es el origen del hombre, cuál su propósito y destino? Siendo que todo el mundo espera respuestas a estas cuestiones básicas, una cosmovisión tiene que aportar soluciones que tengan sentido. Pero solamente el cristianismo ofrece un paquete de respuestas sensatas.

A fin de ilustrar que las demás cosmovisiones carecen de respuestas con sentido a las preguntas de la vida, veamos las declaraciones de un debate entre el Dr. William Provine y el Dr. Phillip Jonson, acerca del tema de la creación y la evolución. Al hacer una relación de las implicancias de la evolución, el Dr. Provine afirmó que no había dioses, ni vida después de la muerte, ni un fundamento decisivo para la moralidad, ni un sentido definitivo en la vida, ni libre albedrío.[18] Permita que estas palabras impacten por un rato. Después considere cómo responde esta cosmovisión a las cuestiones que tienen que ver con nuestro propósito y destino. No lo hace. La vida carece de sentido. No hay vida después de la muerte. El mapa del humanista secular tiene tremendas lagunas. ¡Las personas tienen preguntas legítimas, a las que esta cosmovisión no ofrece respuestas! Por otro lado, el cristianismo puede explicar el origen del hombre (la creación), su propósito (su relación con Dios y los demás), y su destino (cielo o infierno) con información que satisface intelectual y espiritualmente. Y esto nos lleva a evaluar las cosmovisiones: ¿sirve para algo este mapa?

Todas las cosmovisiones tienen que responder a preguntas básicas acerca del origen, propósito y destino.

Evaluación de las cosmovisiones

La gente puede creer lo que quiera, pero esto no hace que sea verdad. Yo puedo creer que puedo volar, pero cuando me caiga del techo en vez de planear como las aves, la verdad (y el suelo) me golpearán en pleno rostro. Así sucede con las cosmovisiones. Usted puede creer lo que quiera, pero, ¿es la verdad? La cuestión no es que si una convicción es religiosa o científica, la pegunta es si es la verdad o no.[19] Valiéndonos de la teoría de la consistencia de la verdad –principios filosóficos de que una afirmación es verdad si corresponde a los hechos de la realidad–, fijemos algunas pruebas para las cosmovisiones.

La primera prueba para una cosmovisión es la siguiente: ¿se ajusta a los hechos, o hay alguna evidencia que la apoye?[20] La verdad se define como "conformidad con el conocimiento, la realidad, la actualidad, o la lógica".[21] Si el cristianismo afirma ser verdadero, la pregunta que debe plantearse es: "¿Existen hechos reales que apuntalen las afirmaciones de la religión cristiana?" Más adelante veremos que <u>hay</u> hechos históricos, arqueológicos y geográficos que certifican que es verdadero. Considere una vez más la analogía del mapa: si interpreto correctamente mi mapa, y éste me dice que girando a la derecha llego a mi casa, entonces ¡más vale que mi casa se encuentre allí! La verdad se ajusta a los hechos, de manera que una cosmovisión también tiene que ajustarse a los hechos, ya que afirma poder explicar el mundo.

Una segunda prueba para una cosmovisión consiste en que no tenga contradicciones. Si algo es lógicamente inconsistente, no puede ser verdad. Recordemos la definición del diccionario citada previamente: la verdad es "conformidad con el conocimiento, la realidad, la actualidad o la <u>lógica</u>". Por ejemplo, usted no puede ser un soltero casado. O tomemos la postura del humanismo secular acerca de la moralidad, o de cómo comportarse, lo cual es relativismo moral. El relativismo moral dice que nada es absoluto. ¿Nota la contradicción? ¡Afirmar que no hay nada absoluto <u>es</u> una afirmación absoluta! Si en toda la extensión de su cosmovisión usted tiene contradicciones, es como si tuviera un mapa que le indica que con un giro a la izquierda o a la derecha, usted llegará a su casa. ¿Cuál es el giro correcto? Esto nos lleva a una tercera prueba.

Una tercera prueba para una cosmovisión consiste en que si es útil o de relevancia para la vida.[22] Recuerde que el Dr. William Provine afirmó que no había dioses, ni vida después de la muerte, ni un fundamento decisivo para la conformidad de una acción o doctrina con los preceptos de la moral, ni un sentido definitivo en la vida, ni libre albedrío.[23] Siendo que estas implicaciones derivan de la evolución –el universo se constituyó enteramente por sí mismo, sin designio ni propósito–, ¿qué sentido tiene atenerse a tal cosmovisión? Habrá quienes argumentarán que siendo que no hay Dios, podemos vivir como nos plazca. Sin embargo, en realidad no todos podemos vivir tal y como nos placería. ¿Cómo decidimos qué es lo que está bien y qué está mal? Si cada persona lo decide, ¿qué sucede cuando alguien decide hurtar y otro dice que tal comportamiento es erróneo? Si la sociedad es la que dice qué está bien y qué está mal, entonces, ¿qué sucede cuando una sociedad está en desacuerdo con otra? ¿Habría algún justificativo moral para ponerle freno a otro Adolfo Hitler? Más adelante examinaremos en profundidad el aspecto ético de las cosmovisiones, pero por ahora tenga en claro que si una cosmovisión no sirve para la vida, es como un mapa con enormes agujeros.

Prueba de cosmovisión número 3: ¿Es útil para la vida?

Al exponer la falta de correspondencia entre lo que las personas creen y lo que realmente es la verdad, o mostrar las contradicciones en las convicciones, o exponer lo irrelevante de éstas, son todas oportunidades para testimonio. Compartir la fe cristiana en tales circunstancias tendrá más impacto si usted demuestra que en realidad sí encaja con el registro de los hechos, que no hay contradicciones, y que tiene relevancia en la vida diaria, en contraste con la cosmovisión opuesta.[24] Un buen ejemplo es saber qué decir acerca de temas tan particulares como la evolución. ¿Evolucionó el género humano? ¿O fue creado por Dios? ¿Qué dice la evidencia? Investiguemos estos interrogantes en el capítulo siguiente, y veamos a dónde nos conducen nuestros mapas.

Capítulo 3

¿Es la evolución una explicación satisfactoria acerca del mundo?

La presuposición de la teoría

Recuerde que todas las cosmovisiones comienzan con presuposiciones y tienen que explicar qué es verdad a fin de que podamos entender el mundo. Fijemos ahora nuestra atención en el tema de la evolución y el origen de todas las cosas desde un punto de vista estrictamente naturalista, sin Dios, sin designio o propósito. La teoría del big bang (N del T: gran explosión en que una teoría cosmogónica sitúa el origen del universo) afirma que hace miles de millones de años toda la materia del universo estaba comprimida en un punto. El punto explotó; de ahí el término big bang del idioma inglés. Los gases calientes de la materia comprimida que explotó salieron disparados hacia todos lados. Finalmente, en el transcurso de miles de millones de años, los gases se enfriaron y dieron forma a los cuerpos celestes, como estrellas, planetas, y lunas. Así es como se formó nuestro universo. ¿Hay preguntas?

Bueno, evidentemente muchos estadounidenses sí tienen preguntas. Según una encuesta del *Newsweek* del año 2007, solamente un 13 por ciento de los estadounidenses creen esta teoría. Son evolucionistas por afirmar que Dios no existe y que no tuvo nada que ver con la creación, mientras que la misma encuesta mostró que un 30 por ciento de los estadounidenses creen que Dios se valió de la evolución para crear el universo. No obstante, el grupo mayor del público estadounidenses fueron los creacionistas, un 48 por ciento que cree que Dios creó todo en seis días (el 9 por ciento de los estadounidenses no sabe qué creer respecto al origen de la vida, según esta encuesta). ¿Qué es lo que sucede? Incesantemente nos atiborran de evolución por la televisión, el cine, libros, escuelas, museos y otros aspectos de la vida, y sin embargo casi la mitad de los estadounidenses no se lo traga.

Solamente el 13 por ciento de los estadounidenses creen en la evolución sola.

Les diré por qué no se lo tragan. Comienza con una presuposición. (Recuerden que toda cosmovisión arranca con una presuposición, ¡aunque pretenda que no!) Carl Sagan creyó solamente en la existencia del cosmos.[25] El manifiesto humanista de 1933 declara que el universo, antes bien que haber sido creado, ya existía.[26] Presuponen que solamente existe una esfera natural, y niegan que haya una sobrenatural. Aquí surge una pregunta muy sencilla: ¿Cómo saben que es verdad? Es una declaración de mucho peso: ¿cómo saben que en el universo sólo hay materia y que no existe también lo espiritual? ¿Acaso son omniscientes, o lo saben todo?

Pero aun concediendo que la materia que dio forma a todo el universo siempre existió, surge otra pregunta: "¿Y de dónde vino?" Nadie sabe. Hay quienes dicen que surgió de un agujero negro. Otros dicen que de un universo madre. ¿Y de dónde salieron éstos? Nadie lo sabe. Todo es un gigantesco salto de fe, una gran presuposición, un punto de partida en el mapa. Pero el humanista secular dirá que definitivamente no hay Dios, ya que no es parte de la esfera natural, sino de la sobrenatural. Por favor, recuerde esto cuando la gente diga que los cristianos recurren a una fe ciega, pero los evolucionistas a ciencia pura. El mapa de todos tiene como punto de partida un salto de fe: Dios existe, o no existe. ¿Qué es lo que hay en el mapa? ¿Tanto zonas naturales como sobrenaturales, o simplemente una zona natural?

Pero, ¿cuál es el mayor motivo por el que la gente no se traga lo de la evolución? El motivo es que fracasa en la prueba de cosmovisión número 1: no se ajusta a los hechos.

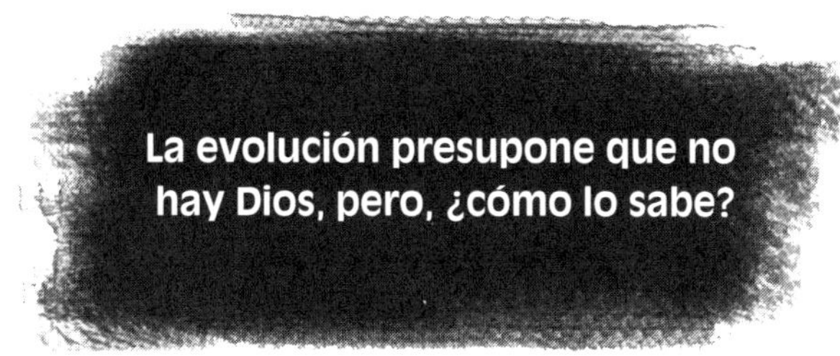

Preguntas para la teoría del big bang

No hace falta ser un genio para comprender que se transgreden leyes científicas básicas para poner en marcha toda la teoría de la evolución. (Para mayor información sobre todos estos temas, vea: http://www.investigacionescreacionistas.com/). Como recordará, una explosión de hace miles de millones de años dio lugar al universo que funciona con la precisión de una maquinaria de relojería. Una pregunta acerca de la teoría del big bang sería: "¿Qué pasa con la segunda ley de la termodinámica?" Esta ley (no una teoría) afirma que en nuestro universo las cosas progresan de un estado de orden al desorden, y no de un estado de desorden al orden, a no ser que estén afectadas por alguna fuerza externa inteligente. Esta ley de decadencia, o "entropía", la utilizan los creacionistas como argumento en contra de la evolución, ya que todo lo que observamos hoy día rechaza la teoría de que una explosión dio lugar a un universo que funciona a la perfección.[27] Para probar su punto, pregunte: ¿qué clase de orden surgió de las explosiones del "World Trade Center" (Centro de comercio mundial) de Nueva York, cuando los aviones impactaron en las torres gemelas y éstas colapsaron? ¿Pudo usted observar que surgiera orden del desorden, o justamente lo opuesto, caos y destrucción? Si esto es lo que sucedió con la demolición de dos estructuras que funcionaban a la perfección, entonces, ¿cómo es que una explosión de materia en el espacio nos ha brindado un universo que funciona con increíble precisión y complejidad por sí mismo exclusivamente? He aquí su oportunidad de testimoniar: el mapa de la cosmovisión de lo que cree el evolucionista no tiene relación con la realidad, ¡no se ajusta a los hechos!

Si bien Albert Einstein apoyó la evolución, y es admirado tanto por evolucionistas como creacionistas, leamos sus palabras surgidas de una discusión del tema.

> **No soy ateo, y no creo poder llamarme panteísta (todo es Dios). Somos como un niño que entra a una enorme biblioteca llena de libros en muchos idiomas. El niño sabe que alguien debe haber escrito los libros. Pero no sabe cómo. No entiende los idiomas en los que se escribieron los libros. El niño tiene una leve sospecha de que debe haber un orden misterioso en la composición de los libros, pero no sabe qué es. Ésta, se me ocurre, es la actitud de incluso los más inteligentes de los humanos respecto de Dios. Vemos el universo ordenado maravillosamente, y que obedece a ciertas leyes, pero apenas, débilmente, comprendemos estas leyes. Nuestras mentes finitas llegan a comprender que hay una fuerza misteriosa que imprime movimiento a las constelaciones.**[28]

John Polkinghorne, físico de la universidad de Cambridge, dice: 'Cuando uno se da cuenta de que las leyes de la naturaleza deben estar ordenadas con increíble y afinada sintonía para formar el universo que vemos, se hace carne la idea de que el universo no es algo que simplemente sucedió, sino que debe tener un propósito.[29]

Los científicos saben que todo el universo está en una sintonía increíblemente fina. Pero, ¿se colocó en esa sintonía él mismo? ¿Cómo podría la materia inerte, desprovista de inteligencia, lograrlo? ¿O es que alguien, provisto de vida e inteligencia, lo puso en esa sintonía fina a fin de que nosotros pudiésemos vivir en este planeta? ¡Esto me suena como a Dios! Es el motivo por el cual el artículo fue intitulado: "La ciencia encuentra a Dios", y por qué 48 por ciento de los estadounidenses creen que Dios creó el mundo en seis días, exactamente como lo expresa la Biblia.

Una explosión no pudo haber sido la causa del orden, debido a la segunda ley de la termodinámica.

Preguntas para la evolución de la vida

Ahora bien, habrá quienes argumentarán que Dios no creó el mundo así como lo relata la Biblia, y que no creó la vida tampoco, sino que fueron unos extraterrestres quienes lo hicieron. No bromeo. La teoría se llama "panspermia dirigida", y afirma que la primera célula viviente debe haber llegado a la tierra desde más allá de nuestro sistema solar. Recuerden que en la cosmovisión evolucionista no existen seres sobrenaturales, de modo que debe haber una explicación natural para todas las cosas, incluso si proviene de otro planeta. Pero piense con mentalidad crítica. ¿Cómo evolucionaron estos extraterrestres? ¿Por generación espontánea, en base a la teoría de que la vida se originó de materia inerte? La vida no puede surgir de materia inerte debido a la ley de la biogénesis, que afirma que la vida procede solamente de cosas vivas. Es imposible que unos agentes químicos de un espeso caldo oceánico de hace tres mil millones de años generaran la vida en nuestro planeta, debido a esta ley. A esta teoría se debe que hay quienes de verdad creen que la vida extraterrestre llegó aquí desde otro planeta, y dio origen a la vida según la conocemos. Cuando se tope con quienes lo proponen, por favor exíjales pruebas (prueba de cosmovisión número 1), y después pregúnteles cómo evolucionaron los extraterrestres de materia inerte, siendo que la ley de la biogénesis no lo considera posible. Lo extraño va a ser cómo se menosprecia la fe de usted en Jesús, y sin embargo es precisamente fe de alguna clase lo que se necesita en apoyo de esta teoría, fe en una vida extraterrestre.

Hay científicos que no demuestran interés por las cosas de ciencia ficción; simplemente reconocen su obstinado rechazo de la Biblia. Algunos de ellos llegan al extremo de reconocer que no desean creer en Dios, en tanto que hay veces en que reconocen que creen en la vida que surge de la materia inerte, lo cual saben que es imposible desde el punto de vista científico.[30]

De acuerdo con la ley de la biogénesis, la vida no pudo surgir de la materia inerte.

Preguntas acerca de las mutaciones

Es grande el número de científicos que se toman la molestia de demostrar que la evolución es verdadera. Debemos recordar que la evolución se basa en la premisa de que Dios no existe, pero que el universo siempre existió, explotó por sí mismo y se ordenó a sí mismo sin ningún designio, propósito, o Dios; y la vida surgió de la materia inerte. Recuerde que estas convicciones están en oposición a las leyes científicas, o sea, la segunda ley de la termodinámica y la ley de la biogénesis. Entonces, ¿por qué detenerse ahora? Si la teoría de la evolución es verdadera, y las leyes de la ciencia no revisten importancia, entonces continuemos y demostremos cómo evolucionó la vida de organismos simples a organismos más complejos mediante mutaciones. Pero no se sorprenda si la evidencia no apoya la teoría, y sigue sin aprobar la prueba de cosmovisión número 1: ¿se ajusta a los hechos?

Al comienzo de la película *X-Men* (Los Hombres X o La Patrulla X [en España]) el profesor Charles Xavier dice:

> **La mutación es la clave de nuestra evolución. Nos permitió evolucionar a partir de un organismo unicelular a la especie dominante del planeta. Es un proceso lento y por lo general tarda miles y miles de años. Pero cada tantos cientos de milenios, la evolución da un salto hacia adelante.**[31]

Las mutaciones funcionan muy bien en revistas de cómic y en las películas, con la finalidad de habilitar a los protagonistas de la historia a realizar toda clase de cosas fantásticas, como ser, ejercer dominio sobre los metales, como Magneto, o sanar como Wolverine (Lobezno [en España]). Sin embargo, la vida real es otro tema. En la historia de la evolución, una clase de organismo mutó y se transformó lentamente a través de muchas generaciones en un organismo completamente diferente. Por ejemplo, los peces mutaron en reptiles, y los reptiles en aves. A esto se le llama macro evolución.

Lo problemático con esta teoría es que nunca se ha examinado con la debida atención. Jamás hemos visto un organismo mutar en otro organismo, excepto en las revistas de cómic o en el cine. En la universidad del Estado de Michigan (EE.UU.), el profesor Richard Lenski quiso simular la evolución en tiempo real. En su experimento, Lenski cultivó bacterias en su laboratorio hasta obtener el equivalente a millones de años de historia humana. Su conclusión: en esencia no se produjo nada nuevo. Al final, las bacterias seguían siendo bacterias.[32]

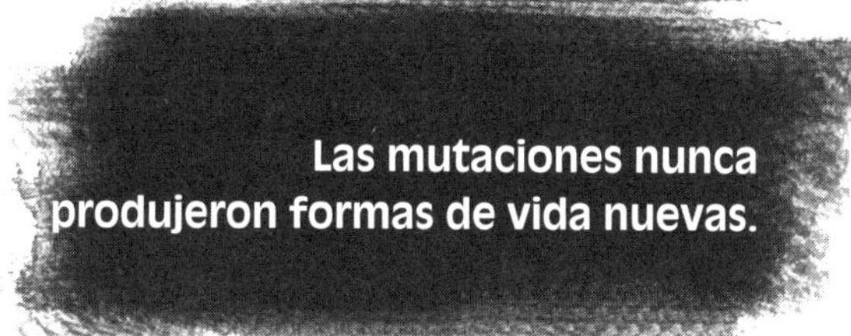

Por lo demás, las mutaciones que se examinaron con atención en la ciencia casi siempre son dañinas para el organismo, y son en realidad una pérdida de información genética. En su libro *Genetic Entropy and the Mistery of the Genome* (Entropía genética y el misterio del genoma), el profesor John Sanford de la universidad de Cornell llega a la conclusión de que la mayoría, si no todas las mutaciones, producen detrimentos.[33] Lo lamento, fans de *Wolverine*, Logan puede sanar rápidamente gracias a sus habilidades mutantes en *X-Men*, pero en la vida real nadie puede. Contrariamente a lo que el profesor X dijo al comienzo de *X-Men,* las mutaciones no son la clave de nuestra evolución: ningún organismo se originó de éstas, y quedó demostrado que son dañinas, no provechosas.

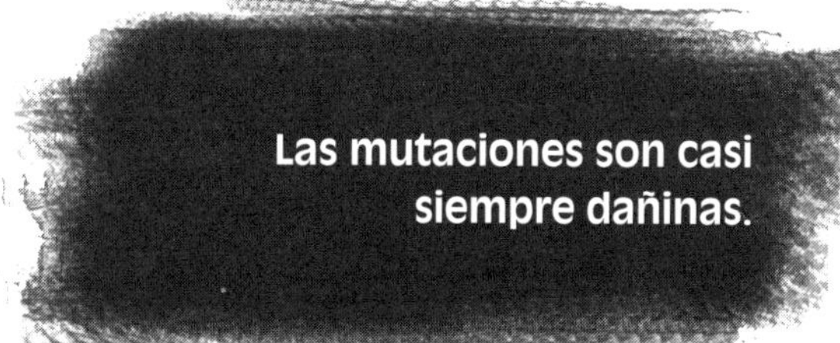

Sin embargo, para demostrar que la evolución es verdadera, se presenta evidencia que revela que las mutaciones ocurren. Por ejemplo, los insectos se vuelven resistentes a ciertos pesticidas. Siendo que los insectos demuestran resistencia a los insecticidas, queda probada la evolución. No nos apresuremos, que éste es un ejemplo de micro-evolución, no de macro-evolución. Recuerde que en la macro-evolución una clase de organismo muta y se transforma en un organismo completamente diferente. El ejemplo anterior fue de peces que se transformaban en reptiles. Pero en la micro-evolución el organismo sigue siendo el mismo, pero con un pequeño cambio dentro de la especie. Los insectos podrán ser ahora resistentes a ciertos repelentes, ¡pero siguen siendo insectos! Existe una enorme diferencia entre estas dos clases de evolución, la micro y la macro. ¡No se deje engañar! Una de ellas es científica y puede examinarse con la debida atención (la micro); la otra es teórica y no puede examinarse (la macro).

Entonces, ¿qué es lo que vemos en los museos, libros de texto, y películas? Vemos la representación artística de lo que estas criaturas mitad peces y mitad reptiles pueden parecer. Justamente como en *X-Men,* la imaginación vuela mientras los artistas representan asombrosas y nuevas criaturas mutantes y formas de vida, todas basadas en la fantasía, no en hechos. No hay hoy en día formas de transición con vida, o existentes en los registros de fósiles, que muestren una macro-evolución. O quizá debiéramos simplemente prestar oídos a lo que dice quien fue curador y paleontólogo del museo de historia natural de Londres, Colin Petterson, quien tuvo a su disposición a más de siete millones de fósiles. No tenía idea de ninguna evidencia, "fósil o viviente", que proveyera una conexión directa de un organismo a otro.[34]

La verdad, por definición, se ajusta a los hechos, de modo que un mapa de cosmovisión debe ajustarse también a los hechos, ya que pretende explicar el mundo con la verdad. Sin embargo, en esta breve revista de la evolución hemos visto justamente lo contrario. El mapa no tiene sentido: el universo explotó y se acomodó por sí mismo, y la vida surgió de materia inerte, se hizo más compleja y mutó en diferentes formas de vida. Estas convicciones van en contra de las leyes de la ciencia y de la evidencia. Si está interesado en saber más acerca de estos temas, vea http://www.investigacionescreacionistas.com/. El mapa cristiano de la cosmovisión tiene más sentido, se ajusta a los hechos de un mundo ordenado que comenzó a la perfección, pero que ahora está desordenado debido a la naturaleza pecaminosa del género humano. Examinemos este mapa en el próximo capítulo.

Capítulo 4

¿Es la creación una explicación satisfactoria acerca del mundo?

Argumentos en favor de la existencia de Dios

De acuerdo con la acotación hecha acerca de las cosmovisiones, en el capítulo dos, todo el mundo tiene que tener un punto de partida desde algún lado. Nuestro "mapa" de cosmovisión necesita un punto de partida, de modo que hay que hacer presuposiciones. El cristianismo afirma la existencia de Dios, y que éste se revela por medio de su creación y su Palabra. Una pregunta legítima que podría hacerse es: "¿Cómo sabe uno que hay Dios?" Debemos tener una respuesta. De eso trata la apologética, de salir en defensa de la fe. Recuerden que Pedro nos exhorta: "Estén siempre preparados para responder a todo el que les pida razón de la esperanza que hay en ustedes" (1 Pedro 3:15). De manera que un cristiano podrá responder diciendo que Dios existe ya que hay un mundo ordenado y que en él hay un orden moral. En otras palabras, ¿quién, sino Dios, hizo que todo funcione con un orden perfecto, además de quién, sino él, hizo al género humano con un sentido del bien y del mal?

Todos pueden saber que Dios existe. Se llama conocimiento natural de Dios y tiene su origen en la creación y nuestra conciencia. Concretamente, la cosmología, la teología, y el orden moral son los argumentos filosóficos en favor de la existencia de Dios. ¿Qué significado tiene esta terminología?

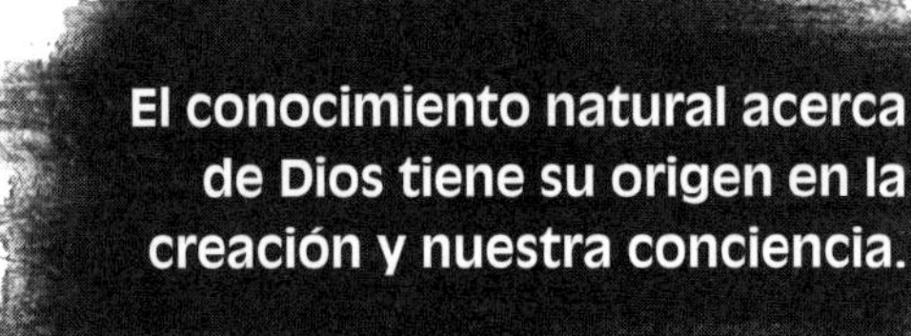

La cosmología trata del estudio de las leyes del universo. Todo lo que comienza a existir tiene una causa. El universo tuvo un comienzo. Siendo que todo lo que conocemos tiene un comienzo, ¿quién "dio comienzo" al universo? Fue Dios. En Génesis 1:1 leemos: "Dios, en el principio, creó los cielos y la tierra." La presuposición es la siguiente: Dios siempre fue, o, Dios es eterno y creó todas las cosas.

**Todo tiene un comienzo.
Dios creó todas las cosas.**

La teología es el estudio del designio y propósito. Todo designio tiene un diseñador. Un automóvil o una computadora portátil no surgen porque sí nomás de la nada, sino que la mente de un diseñador los concibe, y se los construye de algún material. Así es con el universo y todo lo que hay en él. Todas las cosas se diseñan y se construyen. John Polkinghorne, profesor de la universidad de Cambridge (Inglaterra), reconoce que hay orden y estructura en el universo, y llega a la conclusión de que el universo no es algo que simplemente sucedió, sino que hay un designio y propósito en su estructura.[35] ¿Quién es el diseñador? Es Dios.

**Todo designio tiene un diseñador.
Dios diseñó y creó todas las cosas.**

Es importante recordar estos dos conceptos: La cosmología y la teología. Todo tiene un comienzo. Todo designio tiene un diseñador. Dios diseñó y creó todas las cosas. Todo el mundo puede saber que Dios existe. Por eso Pablo dice: "Porque desde la creación del mundo las cualidades invisibles de

Dios, es decir, su eterno poder y su naturaleza divina, se perciben claramente a través de lo que él creó, de modo que nadie tiene excusa" (Romanos 1:20).

Lo que hace que el mapa de cosmovisión cristiano sea más convincente aún, es el hecho de que los humanos tienen un orden moral, un sentido del bien y del mal. Toda ley moral tiene un legislador. En los Estados Unidos pagamos el impuesto a las ganancias el día 15 del mes de abril. La ley no surgió del aire. De acuerdo con la sección octava de la Constitución, el Congreso tiene expedita la facultad de recaudar impuestos. Así es con el género humano: todos sabemos que hay ciertas cosas que debemos y no debemos hacer. Son códigos morales universales, ya que no importa a dónde uno vaya, las personas tienen leyes similares: no mientas, no hurtes, no mates, y cosas parecidas. Siendo que toda ley tiene un legislador, ¿quién les dio estas leyes a todos? Fue Dios. Romanos 2:14-15 habla acerca de esto, al mostrar que los gentiles, que no tenían las leyes y regulaciones del Antiguo Testamento, sin embargo sabían que ciertas maneras de comportarse eran malas.

> **De hecho, cuando los gentiles, que no tienen la ley, cumplen por naturaleza lo que la ley exige, ellos son ley para sí mismos, aunque no tengan la ley. Éstos muestran que llevan escrito en el corazón lo que la ley exige, como lo atestigua su conciencia, pues sus propios pensamientos algunas veces los acusan y otras veces los excusan.**

Pablo dice que la ley estaba "escrita en el corazón", de modo que las personas fueron capaces de conocer automáticamente la diferencia que hay entre lo que era bueno y lo que es malo.

Toda ley moral tiene un legislador. Dios escribió la ley en el corazón de las personas.

Si usted hace memoria, recordará que uno de los problemas que surgen cuando uno cree en la evolución, es el origen de la vida de donde no hay vida. La ley de la biogénesis lo descarta, porque la vida procede únicamente de organismos vivientes. Otra pregunta que podríamos plantearle al evolucionista es: ¿Cómo se desarrolló la conciencia junto con el código moral que todos los humanos tienen? La vida debió surgir de materia inerte (científicamente imposible), y esta materia inanimada también debió pensar y desarrollar un código moral respecto del bien y el mal. ¿Se da cuenta por qué tantas personas rechazan la evolución? Por otro lado, he aquí un mapa que tiene sentido. Dios, perfecto y todopoderoso, hizo un mundo ordenado y con un propósito, y además con un orden moral. Es lo que la Biblia proclama y es lo que vemos al día de hoy. Aprueba la prueba número 1 de las cosmovisiones, o sea, se ajusta a los hechos.

Ahora que contamos con argumentos poderosos en favor de la existencia de Dios, surgen otras preguntas. Los panteístas creen que Dios es parte del universo. ¿Es así? No, no lo es. Génesis 1:1 muestra claramente la diferencia entre Dios y la creación. "Dios, en el principio, creó los cielos y la tierra." La mayoría de los cristianos conoce este versículo tan bien, ¡que no se da cuenta de lo radical que es! Dios no es parte del mundo, como sucede con otros relatos religiosos de la creación. No es Apsu, el dios del agua fresca, o Tiamat, el océano y madre de todas las cosas, según el relato babilónico de la creación. Dios creó el agua y todo lo demás, de modo que él no es parte de su creación, y además la trasciende.

Al buscar en la Biblia una respuesta a esta pregunta, aprendimos detalles específicos acerca de quién es Dios, el Creador todopoderoso, trascendente y separado de su creación, que pone su santa ley en nuestros corazones. Es lo que llamamos el conocimiento revelado de Dios. Y de la Biblia aprendemos también que Dios es trino, tres personas: el Padre, el Hijo y el Espíritu Santo, y sin embargo un Dios. Nos enteramos que este santo ser no pudo tolerar nuestra rebelión, de modo que envió a su Hijo a ser el sacrificio propiciatorio por nuestros pecados. Demostró así su amor incondicional por nosotros. Sin la obra redentora de Jesús en favor de nosotros, no podemos, debido a nuestro pecado, presentarnos ante el santo Dios en la hora de nuestra muerte. Más adelante discutiremos estos puntos en detalle, pero son aspectos del conocimiento revelado de Dios, a los que accedemos tan sólo por la Biblia. El conocimiento natural de Dios, de que existe, es evidente para todo el mundo. Eche tan sólo una mirada en derredor. ¿De dónde surgió el universo ordenado que funciona con la precisión de un reloj? ¿Apareció por casualidad? Pero sólo saber que ahí en el universo existe un ser inteligente que, según la ilustración de Einstein, "escribió los libros", no es suficiente. Es necesario que leamos el libro, la Biblia, a fin de escuchar la voz de la ley (que hemos desobedecido la santa voluntad de Dios con nuestras vidas de pecado), y la voz del evangelio (que Dios nos perdona por la perfecta vida y muerte propiciatoria de Jesús en la cruz). Esto lo obtenemos tan sólo del conocimiento revelado de Dios, por medio de la Biblia.

El conocimiento revelado acerca de Dios (quién es concretamente) proviene de la Biblia.

Los seis días de la creación, ¿son "días" en un sentido literal?

Siendo que recurrimos al conocimiento revelado de Dios, como lo encontramos en la Biblia, a fin de saber acerca de los orígenes del género humano, surgen muchas más preguntas. Una de éstas es: "¿Los seis días de la creación de Génesis, son 'días' en un sentido literal, o son largos espacios de tiempo?"

A fin de responder a esta pregunta, vea la palabra hebrea para "día" en el texto de Génesis, como también el contexto de cada uno de los seis días de la creación. Allí encontrará la solución: los "días" son días literales, no largos espacios de tiempo. La palabra hebrea para "día" es *yom*, y quiere decir un período de veinticuatro horas, particularmente cuando uno lee el contexto de cada uno de los seis días de la creación: "vino la noche, y llegó la mañana". James Barr, profesor de hebreo de la universidad de Oxford (Inglaterra), expresó:

> **Probablemente, hasta donde yo sé, no existe un profesor de hebreo o del Antiguo Testamento en ninguna universidad del mundo, que no crea que el, o los redactores de Génesis 1-11, tuvieran en mente comunicar a sus lectores la idea de que:**
>
> - **la creación tuvo lugar en una serie de seis días iguales a los días de 24 horas que nosotros tenemos.**

- Los guarismos de las genealogías de Génesis proveyeron por simple adición una cronología desde el comienzo del mundo hasta etapas posteriores de la historia bíblica.
- Quedó sobrentendido que el diluvio de Noé fue universal y que con él quedó extinguida toda vida humana y animal, con excepción de los que estaban en el arca.[36]

La palabra para "día" y su contexto expresan que los días de Génesis son días literales.

Por lo demás, otras partes de la Biblia hacen referencia a un relato de la creación de seis días. Por ejemplo, Éxodo 20:9-11 dice:

> Trabaja seis días, y haz en ellos todo lo que tengas que hacer, pero el día séptimo será un día de reposo para honrar al SEÑOR tu Dios… Acuérdate de que en seis días hizo el SEÑOR los cielos y la tierra, el mar y todo lo que hay en ellos, y que descansó el séptimo día. Por eso el SEÑOR bendijo y consagró el día de reposo.

Meridianamente claro, ¿no es cierto?

Otras partes de la Biblia también se refieren a un relato de la creación de seis días.

¿Cuál es la edad de la tierra?

El profesor Barr comentó que por simple adición las genealogías de Génesis proveen una historia de la humanidad. Si usted lee los capítulos 5 y 11 de Génesis y literalmente "hace los cálculos", podrá tener una idea de la edad de la tierra, aproximadamente unos 6.000 años. Por otra parte, los científicos verifican que la tierra tiene solamente miles de años de antigüedad, valiéndose de una extensa variedad de fuentes desde el espacio exterior en relación al planeta tierra, y midiendo cosas como los restos de supernovas, o monitoreando el crecimiento de los arrecifes de coral.

De acuerdo con observaciones astronómicas, en las galaxias como la nuestra surge, por regla general, una supernova (una estrella que explota con violencia) cada 25 años. El gas y el polvo resultantes de tales explosiones (como la nebulosa del cangrejo) se expanden rápidamente y deberían seguir siendo visibles por más de un millón de años. Pero las zonas más cercanas de nuestra galaxia en donde podríamos observar ese gas y partículas de polvo, contienen solamente los restos de unas 200 supernovas. Este número concuerda con el valor de unos 7.000 años de supernovas solamente.[37]

O tomemos, como otro ejemplo, los arrecifes de coral. El atolón Eniwetok de las islas Marshall tiene el arrecife de mayor espesor que se conoce de todo el planeta. Tomando en cuenta los promedios más altos de crecimiento, debe haber llevado exactamente 3.240 años para crecer hasta ese tamaño, y no cientos de miles, o más, según algunos argumentan.[38] La prueba de la cosmovisión respecto a ajustarse a los hechos queda cumplimentada una vez más. El mapa de cosmovisión en el que la tierra tiene miles de años de edad, se aceptó comúnmente hasta el 1800, año en que los evolucionistas enseñaron que la edad de la tierra es de millones de años. ¿En qué fundamentaron esta aseveración? En la presuposición de que la evolución era veraz y que no había un reino sobrenatural.

Según la Biblia, la tierra tiene unos seis mil años de antigüedad.

Hoy día los evolucionistas aseveran que el universo comenzó con el big bang hace unos catorce mil millones de años, lo que hace que la tierra tenga

unos 4,5 mil millones de años. Siendo que se utilizan métodos de fechar radiométricos para medir la edad de la tierra en rocas y otros artefactos, debemos estar al tanto de que estos métodos de fijar fechas se basan también en presuposiciones. Las presuposiciones incluyen: (1) es posible conocer la cantidad o el equivalente inicial del elemento a medir; (2) nada contaminó el elemento; y (3) el promedio de deterioro se mantuvo constante.
Por ejemplo, se asume que el potasio de argón es uno de los métodos radiométricos más confiable de fijar fechas. Sin embargo, unas rocas que se formaron de volcanes que hicieron erupción en fechas históricas conocidas, se midieron radiométricamente con potasio de argón ¡y se les fijaron fechas de 1,7 a 15,3 millones de años de edad! ¡No es sólo un registro alto de años, sino que es completamente erróneo, ya que conocemos la fecha exacta en que estas rocas se formaron de lava volcánica! ¿Cuál de los mapas de cosmovisión no se ajusta a los hechos? El ingeniero Bodie Hodge expresó:

> **Si el fechado radiométrico fracasa en acertar con la fecha de algo cuya verdadera edad conocemos, entonces ¿cómo podemos confiar que nos dé la edad cierta de rocas que no contaron con el registro de observadores humanos cuando se formaron? Es mucho más razonable confiar en la palabra de Dios, quien creó el mundo, conoce a la perfección su historia, y nos reveló suficiente información en la Biblia como para comprender ese relato y la edad de la creación.**[39]

El fechado radiométrico fracasa en aportar fechas ciertas de cosas cuya verdadera edad sí conocemos.

El relato de la creación de Génesis y Jesús

Si seguimos ateniéndonos al relato literal de la creación de Génesis, que es lo que el profesor Barr dijo que el texto quiere transmitir, la secuencia de los días y los elementos que fueron creados es la siguiente:

- El día primero, Dios creó una masa acuosa sin forma, junto con la luz, pero la luz no era el sol (más adelante se verá con más detalle).
- El día segundo, Dios formó la tierra a partir del agua, y agregó una atmósfera que separó las nubes o una probable capa de vapor de agua por encima del planeta acuoso. Algunos de los creacionistas creen que esta capa atmosférica extra fue benéfica para la vida en el planeta. Creó un efecto de invernadero que proporcionó a todo el planeta de un clima más cálido, y bloqueó la radiación peligrosa a fin de prolongar la vida.[40] Esto explicaría por qué las personas de las genealogías de Génesis vivieron vidas tan largas antes del diluvio; el ambiente era muy diferente (¡y mejor!) que lo que es hoy día.
- El día tercero, Dios hizo la tierra seca y las plantas.
- El día cuarto, Dios hizo el sol, la luna, y las estrellas. Recuerde que el día primero, Dios creó la luz. No fue el sol; la palabra hebrea es sencillamente "luz". ¿Qué fue esta luz? Nadie lo sabe. Pero el día cuarto, Dios creó el sol. Tome nota de que Dios creó el sol después de que las plantas ya habían sido creadas el día tercero. ¿Por qué? Quizá para demostrar que es Dios quien otorga la vida, y no el sol. Posteriormente muchas culturas adoraron al sol y tienen un "dios sol". Sin embargo, es Dios quien otorga la vida, no el sol.
- El día quinto, Dios hizo los peces y las aves.
- Finalmente, el día sexto, Dios creó a los animales terrestres y también a Adán y Eva. En Génesis 1:26, el Dios trino, Padre, Hijo, y Espíritu Santo habló cuando "ellos" dijeron: "Hagamos al ser humano a nuestra imagen y nuestra semejanza" (énfasis agregado). La frase "imagen y semejanza de Dios", quiere decir que Adán y Eva fueron hechos justos y santos. Fueron creados a la imagen espiritual de Dios, no a su semejanza física, ya que Dios es espíritu, según nos lo recuerda Jesús en Juan 4:24.

- El día séptimo, Dios descansó de su obra de creación. La palabra (descansó) no quiere decir que se había cansado; simplemente, ¡había concluido! También santificó este día, y más tarde le dijo al pueblo de Israel que no debía trabajar el día sábado. "En efecto, en seis días hizo el SEÑOR los cielos y la tierra, y el séptimo día descansó" (Éxodo 31:17). (Un pasaje más que menciona una creación literal de seis días).

Los que juzgan la Biblia con escepticismo, con frecuencia tratan de señalar contradicciones aparentes en los dos primeros capítulos de Génesis, al parecer dos relatos diferentes de la creación. Pero no son dos relatos. Génesis 1:1-2:3 simplemente provee una visión general de todo lo que ocurrió durante los días primero al séptimo. Después Génesis 2:4-25 ofrece un relato más detallado acerca de la creación del hombre el día sexto. ¿Por qué se brinda el relato detallado? Porque el hombre es la coronación de la creación de Dios, y él tiene una relación especial con el género humano.

Incluso la palabra que se utiliza para Dios revela tal relación especial. Moisés utiliza la palabra *Elohim*, un término común para Dios en Génesis 1:1-2:3. Pero en Génesis 2:4-25, Moisés utiliza *Yahveh,* (literalmente "yo soy") el nombre del Dios del pacto, lo que revela un aspecto más personal del Creador. Al crear Dios a Adán en el día sexto, justo tres días después de haber creado todas las plantas, también creó un jardín para el hombre. Ahora bien, Adán no había visto a Dios crear nada en los días primero al quinto, ya que él aún no había sido creado, de manera que antes de que las plantas surgieran de las semillas, Dios hizo un jardín especialmente para Adán y Eva, como prueba de su capacidad creadora.

Con propiedad, el nombre Adán significa "hombre". Al no hallarse una ayuda idónea para Adán, Dios la proveyó con Eva. Eva significa "viviente", porque ella llegó a ser "la madre de todo ser viviente" (Génesis 3:20). Todos descendemos de estas dos personas. Todos estamos relacionados unos con otros en una raza, la raza humana. Jesús lo declaró en Marcos 10:6: "Pero al principio de la creación 'Dios los hizo hombre y mujer'". Las propias palabras de Jesús apoyan el relato de la creación de seis días. Y no podía ser de otro modo, ¡ya que él estuvo allí! Juan 1:1-3 nos recuerda:

> **En el principio ya existía el Verbo, y el Verbo estaba con Dios, y el Verbo era Dios. Él estaba con Dios en el principio. Por medio de él todas las cosas fueron creadas; sin él, nada de lo creado llegó a existir.**

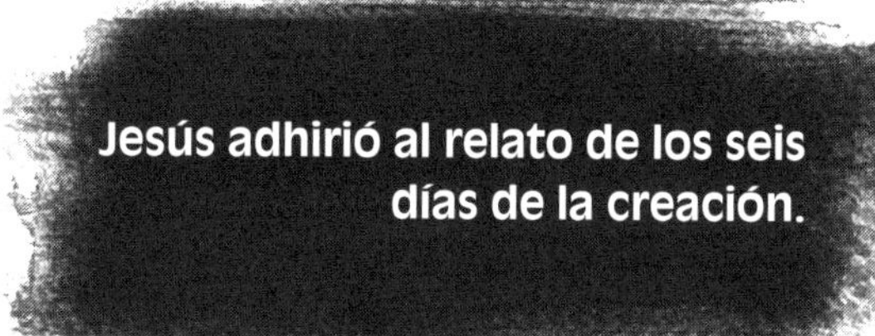

En última instancia, tenemos dos cosmovisiones diferentes, la de la creación y la de la evolución, pero solamente un mundo. Todos vivimos en este planeta único, pero nos encontramos con dos modos infinitamente diferentes de interpretar lo que vemos. ¿Cuál de los mapas es el correcto? Jonathan Sarfati, químico y autor literario, escribió:

> Muchas personas creen erróneamente que la "ciencia" probó que la tierra tiene una antigüedad de miles de millones de años, y que todo lo que vive descendió de una sola célula que a su vez es el resultado de la combinación casual de sustancias químicas. Sin embargo, la ciencia trata con observaciones repetibles en la actualidad, mientras que los conceptos de "miles y millones de años" de la evolución se basan en presuposiciones de una ciencia de afuera acerca del pasado inobservable. Los hechos no hablan por sí mismos, sino que deben ser interpretados de acuerdo con una estructura. No es una cuestión de religión/creación/subjetividad que confronta ciencia/evolución/objetividad. Antes bien, es la parcialidad de las religiones del cristianismo y del humanismo que interpretan los mismos hechos de maneras diametralmente opuestas.[41]

Y la aceptación de uno u otro de estos mapas de cosmovisión nos llevará por caminos dramáticamente diferentes cuando se trata del siguiente aspecto de una cosmovisión: los sistemas éticos resultantes. Una cosmovisión no sólo le dice a uno lo que es real (un reino natural solamente, o uno natural y sobrenatural conjuntamente), sino que también le enseña cómo vivir. ¿Es el hombre fundamentalmente bueno? ¿O es pecador? Si es pecador, ¿de qué manera entró el mal en el mundo? ¿Qué podemos hacer al respecto? Continuemos desarrollando estos mapas y veamos qué surge.

Capítulo 5

¿Qué es el género humano?

El verdadero propósito de nuestra existencia

¿Qué es usted? ¿Es usted una creación singular de Dios, que lo ama, o es una colección de moléculas hecha al azar? Depende de si se considera desde la perspectiva de la creación o la evolución, obtendrá como resultado puntos de vista diferentes. El sentido de todo surge de su origen. Para entenderlo, debe captar el origen. Por ejemplo, es de vital importancia conocer el origen del "Hombre araña" para comprender qué lo hace ser un superhéroe: "el gran poder conlleva gran responsabilidad." Del mismo modo, el sentido de nuestra existencia surge de nuestro origen. Para entendernos a nosotros mismos debemos captar si hemos sido creados por Dios o si somos productos del azar. Recuerde que la cosmovisión le dice qué cosa es filosóficamente real; de modo que si la evolución es lo real, y no hay Dios, usted no es más que un suceso eventual. El libro de cómics junto con la película *Watchmen* (Vigilantes) de Alan Moore lo expone sin rodeos. "La vida es tan frágil, tan sólo un virus exitoso aferrado a una minúscula partícula de barro suspendida en una nada infinita... El horror consta de esto: en la instancia final, se trata simplemente de una negrura vacía y sin sentido. Estamos solos. No hay nada más."[42]

Ahora bien, esto es ser extremadamente honestos acerca de lo que somos, si la cosmovisión del humanismo y la evolución están en lo cierto. No es bonito, pero es exactamente lo que el Dr. Provine manifestó en su debate con el Dr. Johnson acerca de las implicancias filosóficas de la evolución. Según quedó expresado con anterioridad en este libro, el Dr.

Provine dijo que si la evolución es verdadera, entonces no hay dioses, ni vida después de la muerte, ni fundamentación última para lo ético, ni libre albedrío, ni un sentido supremo de la vida.

Una de las implicancias de la evolución es que no tenemos ni un propósito ni un sentido para la vida.

Sin embargo, un propósito para la vida es uno de los elementos clave que todo el mundo procura. Todos nos preguntamos: "¿Por qué existo? ¿Qué sentido tiene mi vida?" Tales preguntas fundamentales son las que todas las cosmovisiones tienen que responder, pero aquí lamentablemente no sucede. ¿Acaso es de sorprenderse que hoy día las personas se aferren a cualquier cosa que les prometa una razón para seguir, algún propósito que le dé sentido a la vida? Hay quienes lo buscan en las relaciones con otros seres humanos, el dinero atrae a otros, y están los que intentan un escapismo con las drogas y las bebidas alcohólicas. Pero aún así, hay muchísimos que siguen sin haber encontrado una razón. ¿A qué se debe?

El motivo por el cual las personas se sienten frustradas es que no comprenden que fueron creadas para estar en relación con Dios, una relación que sólo él puede proveer. Él nos creó porque nos ama, "porque Dios es amor" (1 Juan 4:8). Así como los que son padres tienen hijos porque los aman, así Dios "nos tuvo" porque nos ama. Además, Dios nos creó con un propósito. En Génesis 1:31 leemos que Dios creó a Adán y Eva, "y consideró que era muy bueno". No somos productos del azar. Apocalipsis 4:11 complementa: "Porque tú creaste todas las cosas; por tu voluntad existen y fueron creadas."

Dios nos creó porque nos ama y porque tiene un propósito para nuestras vidas.

Entonces, si Dios nos ama y nos creó con un propósito en mente, ¿qué se supone que debemos hacer? Génesis 1:28 expresa:

> **Y los bendijo con estas palabras: "Sean fructíferos y multiplíquense; llenen la tierra y sométanla; dominen a los peces del mar y a las aves del cielo, y a todos los reptiles que se arrastran por el suelo."**

Dios les hizo saber a Adán y a Eva que tenían dos propósitos. El primero: ser fructíferos y multiplicarse. Pero Dios no hablaba de ecuaciones de aritmética; quería que tuviesen hijos. Aquí, bien al principio de las Escrituras, podemos ver los fundamentos para el matrimonio y la familia de hoy día. El otro propósito fue: llenar la tierra y someterla; o sea, para fundar sociedades y civilizaciones. Esto nos sirve de fundamento para todo cuanto hacemos hoy día, ya sea trabajar la tierra y criar animales domésticos, ya sea negocios, o educación, o lo que fuere. Ambos propósitos, de ser fructíferos y formar familias, y de llenar la tierra con la civilización, se llevan a cabo a diario mediante el matrimonio, la creación de grupos familiares, puestos de trabajo, nuevas compañías, y por la invención de nuevas herramientas y utensilios. Nancy Pearcey, autora literaria y maestra, subraya que si bien esto todo el mundo lo sabe, con todo nos revela nuestra verdadera naturaleza, el modo en que Dios quiso que obremos.[43] Incluso después de que Cristo viniera a la tierra para salvarnos, tenemos aún el compromiso de honrar a Dios aquí en la tierra con lo que hacemos, sea lo que sea. Pablo dice: "En conclusión, ya sea que coman o beban o hagan cualquier otra cosa, háganlo todo para la gloria de Dios" (1 Corintios 10:31). Y también: "Hagan lo que hagan, trabajen de buena gana, como para el Señor y no como para nadie en este mundo" (Colosenses 3:23). Si alguna vez se dio cuenta de por qué se aburre, puede que haya comprendido que fue creado para hacer algo. Es porque Dios lo creó para que trabaje, pero no en un sentido negativo. El trabajo no es algo malo. Recuerde que Adán fue creado y se le encargó que cuidase el jardín, como un trabajo, antes de la caída en pecado: "Dios el SEÑOR tomó al hombre y lo puso en el jardín del Edén para que lo cultivara y lo cuidara" (Génesis 2:15).

Con posterioridad a la caída en pecado, sin embargo, el trabajo fue laborioso y el hombre tuvo que comer con el sudor de su frente, aunque el trabajo de por sí no es malo. ¿No es maravilloso saber que Dios nos ama y que nos creó para que lo honremos y glorifiquemos en todo lo que hacemos, y seamos creativos con los dones y talentos que nos dio? Así continuamos reflejando la naturaleza creadora de Dios, la cual tuvo su comienzo los primeros seis días de la creación. ¡Los hijos de Dios actúan en conformidad con su Padre celestial!

El propósito de nuestras vidas es glorificar a Dios en todo lo que hacemos, al poner a trabajar los dones y talentos que él nos dio.

Recuerde lo que hablamos anteriormente cuando nos referimos a las pruebas para las cosmovisiones: si una cosmovisión no es de utilidad para la vida, es como un mapa lleno de agujeros. Esta tercera prueba es la que se expone aquí. El humanismo secular y la evolución no nos brindan propósito alguno para la vida, pero el cristianismo sí. El mapa cristiano es útil y relevante para navegar por la vida; ¡hay un propósito y sentido para la vida en todo lo que hacemos! Nancy Pearcey lo expresó magníficamente en su libro *Total Truth* (Verdad absoluta):

> **Nadie vive sin un sentido de propósito o rumbo para la vida, o sea, el sentido de que su vida tiene significado como parte de una historia cósmica... pero en algún punto las cosas temporales (obtener un título, conseguir un empleo) no llegan a satisfacer esa hambre en procura de lo eterno, que se encuentra en lo más profundo del espíritu humano… nuestro espíritu está inquieto… hasta que encontramos descanso en él.** [44]

Nuestra verdadera naturaleza

De manera que si el propósito del género humano consiste en glorificar a Dios mediante nuestros talentos y dones en todo lo que hacemos, ¿acaso el asesino glorifica a Dios? ¡Por supuesto que no! Cuando Dios creó a Adán y Eva, consideró lo que había hecho como "muy bueno", junto con toda la creación. ¡Pero usted no describiría el mundo de hoy con estas palabras! ¿Qué sucedió? Para entender nuestro planeta es menester darnos cuenta de cuál es la naturaleza de los seres humanos. Nuestra verdadera naturaleza no es buena o fundamentalmente neutral, según afirman quienes abogan por una cosmovisión que difiere de la de los cristianos. No es así. Eche una mirada a su alrededor. ¿Le echa llave a sus puertas por la noche? Este hecho debería hacerle ver inmediatamente nuestra verdadera naturaleza: pecaminosa.

Con anterioridad mencioné la caída en pecado. El cambio de la naturaleza humana de muy buena a pecaminosa ocurrió cuando Adán y Eva desobedecieron a Dios y comieron del árbol del conocimiento del bien y del mal, un árbol de cuyo fruto no debían comer porque esa acción ocasionaría su muerte (Génesis 3:1-7). ¿Por qué comieron Adán y Eva de un árbol del cual se les dijo que no debían comer? Porque ejercieron su libre albedrío y escogieron desobedecer la expresa voluntad de Dios.

Dios les concedió a Adán y Eva la dignidad del libre albedrío. Podían escoger entre obedecer a Dios, o no obedecerle. Génesis 2:16-17 dice: "Y le dio este mandato: 'Puedes comer de todos los árboles del jardín, pero del árbol del conocimiento del bien y del mal no deberás comer. El día que de él comas, ciertamente morirás.'" Hay quienes se preguntan: "Si Dios sabe todo, o si es omnisciente, ¿acaso no sabía que Adán y Eva comerían del fruto prohibido y arruinarían un mundo perfecto?" La respuesta es: "Sí, él sabía." Y entonces preguntan: "¿Y por qué lo permitió? ¿Por qué no lo impidió?" La respuesta a esta pregunta nos retrotrae a la dignidad del libre albedrío.

Considere las opciones de Dios en la creación. Siendo que sabía que el género humano pecaría y arruinaría todo, él pudo haber: 1) creado nada; 2) creado al género humano sin el libre albedrío, convirtiéndolo en robot; 3) creado al género humano con el libre albedrío y hacerlo desaparecer al desobedecer; o 4) creado al género humano con el libre albedrío y ofrecerle perdón al desobedecer. Siendo que la Biblia expresa claramente que "Dios es amor", las opciones uno a tres parecen no encajar. Si Dios es amor, y es creativo, ¿acaso se quedaría sin hacer nada? ¡Va contra su propia naturaleza! Si Dios es amor y creativo, ¿habría hecho del ser humano un robot para que no lo desobedeciera? ¿Qué clase de comunión es ésa? ¿Será que la película *The Stepford Wives* (Las esposas perfectas) ilustra el tipo de relación que deseamos al casarnos: un cónyuge robot? Si Dios es todo amor y creativo, ¿nos daría el libre albedrío, pero nos destruiría al pecar? ¿Dónde quedan el amor y la compasión? Por esto la cuarta opción, el libre albedrío concedido al género humano, junto con la compasión y la gracia en Jesucristo por nuestra desobediencia, es la opción que se adecua a quien es Dios amante y creativo.

Nuestra verdadera naturaleza no es buena, sino pecadora desde que Adán y Eva se rebelaron en contra de las leyes de Dios.

El origen del mal

Es sumamente interesante oír, en el mundo de hoy día, la explicación de diferentes personas acerca del origen del mal. Los románticos afirmaban que la sociedad corrompía a los niños inocentes. Los evolucionistas darwinianos consideraban el asesinato como un remanente de nuestro pasado en el que "sobrevive el más apto". Sigmund Freud creía que los problemas se debían a nuestros apetitos sexuales reprimidos. Karl Marx pensó que el sufrimiento se debía a la clase gobernante opresora. Los biólogos evolucionistas creen que nuestro comportamiento como seres humanos se debe a la compulsión del deseo de reproducirse de nuestros genes. Charles Colson, fundador de "La hermandad de la prisión", nos explica lo que todas estas teorías tienen en común: "Todas tratan la responsabilidad del género humano como una ilusión. El motivo subyacente en esto es la negación de Dios. Debido a que no entienden a Dios, también fracasan en entender a la naturaleza humana."[45]

Pero hay otro motivo por el cual Adán y Eva se rebelaron en contra de Dios. No sólo ejercieron su libre albedrío, sino que también fueron tentados por Satanás en la forma de una serpiente. Recuerde que la cosmovisión cristiana incluye los dos reinos: el natural y el sobrenatural. En tanto que el evolucionista no reconoce un reino sobrenatural ni ángeles ni demonios, el cristianismo está capacitado para explicar por qué todas las culturas del mundo creen en los espíritus, o por qué hoy día la Iglesia Católica Romana (y otras denominaciones) practican exorcismos y un ministerio de liberación con personas endemoniadas. La arquidiócesis de la Iglesia Católica Romana de New York investiga cuarenta casos por año y practica exorcismos en casi un 10 por ciento de los casos, después de descartar problemas físicos o psicológicos.[46] Si no existe un reino sobrenatural de lo demoníaco, entonces, ¿qué sucede aquí?

Originalmente Satanás fue creado perfecto, y sirvió a Dios como uno de sus ángeles, hasta que llevado por orgullo se rebeló, según queda relatado en Ezequiel 28:14-17. (Algunos comentaristas bíblicos creen que la profecía utiliza la caída de Satanás del cielo motivada por orgullo, como una comparación con un rey arrogante de la tierra).

> **Fuiste elegido querubín protector, porque yo así lo dispuse. Estabas en el santo monte de Dios, y caminabas sobre piedras de fuego. Desde el día en que fuiste creado tu conducta fue irreprochable, hasta que la maldad halló cabida en ti. Por la abundancia de tu comercio, te llenaste de violencia, y pecaste. Por eso te expulsé del monte de Dios, como a un objeto profano. A ti, querubín protector, te borré de entre las piedras de fuego. A causa de tu hermosura te llenaste de orgullo. A causa de tu esplendor, corrompiste tu sabiduría. Por eso te arrojé por tierra, y delante de los reyes te expuse al ridículo.**

Aquí tenemos el origen del diablo, el que tentó a Adán y Eva. Satanás se rebeló en contra del santo Dios porque "la maldad halló cabida en ti", es decir, la violencia y el orgullo. Da la impresión de que este ángel no quiso seguir a Dios, sino que quiso hacer lo suyo. He aquí el origen del mal en el mundo. Cuando los dos primeros seres humanos prestaron oídos a las mentiras de Satanás –no iban a morir si comían del árbol prohibido, antes bien serían como Dios–, Adán y Eva trajeron al pecado y la rebelión a un mundo por lo demás perfecto y muy bueno. Pensaron que podían hacer lo suyo, ser independientes. Se equivocaron, y desde entonces el mundo ha estado sufriendo. Dios maldijo a la serpiente, maldijo la tierra que Adán debía trabajar para subsistir, haciendo que el trabajo fuese duro, e incrementó los dolores de parto de Eva (Génesis 3:8-19). Por último, debido a la desobediencia de ellos, el género humano no iba a vivir para siempre, sino que iba a morir.

El origen del mal en el mundo es Satanás, un ángel que no obedeció a Dios, sino que tentó al hombre a que pecara.

Si en la cosmovisión cristiana fracasamos no sólo en captar el significado de la creación, sino también el de la caída en pecado, fracasamos en comprender el mundo que nos rodea. Mientras investigábamos la creación, discurrimos acerca de cuán ordenado es el universo. Quizá usted pensó para sus adentros: "Un momento; el mundo es ordenado, pero no es perfecto." ¡Exactamente! Hay catástrofes, sequías, enfermedades y, lo peor de todo, muerte. La cosmovisión cristiana explica cómo llegó a existir el mundo y por qué no se encuentra en perfectas condiciones. Este mapa se ajusta al mundo que observamos a diario. Nuestra naturaleza humana pecadora trajo como consecuencia una existencia terrena corrompida, llena de sufrimiento y pecado. De modo que, ¿qué podemos hacer al respecto? O mejor aún, ¿qué ha hecho Dios al respecto?

La solución para el mal

Recuerde lo que dijo Nancy Pearcey: "En algún punto las cosas temporales (obtener un título, conseguir un empleo) no llegan a satisfacer esa hambre en procura de lo eterno, que se encuentra en lo más profundo del espíritu humano... Nuestro espíritu está inquieto... hasta que en él encontramos descanso."[47] En tanto que es cierto que fuimos hechos para ser creativos y poner a trabajar los dones otorgados por Dios, todos nuestros emprendimientos, sin embargo, fracasan en satisfacer una necesidad espiritual dentro de nosotros. Cuando el pecado hizo su entrada en el mundo, entró la muerte, según las palabras de Dios: "El día que de él comas, ciertamente morirás" (Génesis 2:17b). La mayor necesidad del género humano no fue tener más alimentos, posesiones, o logros, sino vida, ¡la vida eterna que sólo Dios podía conceder! Con el fin de cubrir la desnudez de Adán y Eva, Dios mató un animal e hizo ropa para ellos, según queda relatado en Génesis 3:21: "Dios el SEÑOR hizo ropa de pieles para el hombre y su mujer, y los vistió." Pero para cubrir nuestra tendencia al pecado, Dios dio muerte a su Hijo Jesús e hizo ropas para nosotros, según queda registrado en Isaías 61:10.

> **Me deleito mucho en el SEÑOR; me regocijo en mi Dios. Porque él me vistió con ropas de salvación y me cubrió con el manto de la justicia. Soy semejante a un novio que luce su diadema, o una novia adornada con sus joyas.**

Al confiar usted en la vida perfecta de Jesús y su muerte sacrificial, él lo cubre con "ropas de salvación... con el manto de la justicia" a fin de que pueda acceder al cielo sin pecado alguno. Exactamente así como Dios proveyó de ropa a Adán y Eva, así él nos provee hoy del "manto de la justicia". Él hace todo lo necesario, mientras que nosotros no hacemos nada para salvarnos. El apóstol Pablo lo menciona en Efesios 2:8-9: "Porque por gracia ustedes han sido salvados mediante la fe; esto no procede de ustedes, sino que es el regalo de Dios, no por obras, para que nadie se jacte."

Lo que más necesita el hombre, perdón y vida eterna, fue algo que solamente Dios podía dar.

En el pasaje recién citado, Pablo mencionó las obras. La Biblia abunda en leyes que les dicen a las personas cómo vivir. Algunas fueron dadas a los israelitas de la tierra de Canaán, en relación con la época y el espacio de ellos; y algunas son universales, para todo el mundo, sin importar el momento o lugar en que vivan. Un ejemplo de una ley sólo para los israelitas es Levítico 13:45-46. El pasaje describe la manera de proceder con una persona con una enfermedad infecciosa, a fin de no contagiar a todo el campamento:

> **La persona que contraiga una infección se vestirá de harapos y no se peinará; con el rostro semicubierto irá gritando: '¡Impuro! ¡Impuro!', y será impuro todo el tiempo que le dure la enfermedad. Es impuro, así que deberá vivir aislado y fuera del campamento.**

No obstante, un ejemplo de una ley que es universal, o sea para todos, es Éxodo 20:15: "No robes." Es una ley para todos, porque aun en el Nuevo Testamento Pablo escribe a personas que no son judías: "El que robaba, que no robe más, sino que trabaje honradamente con las manos para tener qué compartir con los necesitados" (Efesios 4:28).

Las leyes son necesarias para la convivencia. Hasta en un entorno perfecto, Dios mantuvo orden. A Adán y Eva se les dijo que tuvieran hijos y formaran una civilización. Podían comer de todo árbol, exceptuado uno. Dios, quien es la autoridad moral final, había decretado lo que era conveniente, y lo que no lo era. Adán y Eva se dieron cuenta de que eran leyes morales absolutas acerca del bien y del mal.

La palabra de Dios nos brinda leyes morales absolutas acerca del bien y del mal para que podamos diferenciar el bien del mal.

Todas las cosmovisiones tienen convicciones acerca de cómo vivir, tener orden, y conducirse al amparo de la ley. Otro término es ética, el estándar del bien y del mal. Cuando se trata de responder preguntas acerca de cómo debemos comportarnos, si Dios no existe debe haber entonces alguna otra autoridad suprema. Si no hay Dios, cada cual podrá decidir qué es bueno y qué es malo. Esto se llama relativismo moral. La presuposición de que estamos habilitados para hacerlo se apoya en la creencia de que el hombre es básicamente bueno, o neutral en el peor de los casos, pero no pecador según enseña la Biblia.

El relativismo moral afirma que la moral es relativa, que cada persona decide qué es bueno y qué es malo.

Parece ser realmente bueno. Cada uno de nosotros decide para sí lo que es correcto. (Después de todo, en esto consistió la tentación de Satanás en Génesis 3:5: "Dios sabe muy bien que, cuando coman de ese árbol, se les abrirán los ojos y llegarán a ser como Dios, conocedores del bien y del mal"). Sin embargo, el peligro del relativismo moral reside en que no hay tal cosa como el mal, ya que cada persona manifiesta lo que ella siente que es bueno y que es malo. En última instancia, no existe un fundamento para tomar una decisión con la cual todos estén de acuerdo, ya que todo se basa en preferencias individuales. O, reiterando lo que el Dr. Provine declaró en su debate con el Dr. Johnson acerca de las implicancias filosóficas de la evolución: si la evolución es verdadera, entonces no hay dioses, ni vida después de la muerte, ni libre albedrío, ni un significado definitivo de la vida, ni un fundamento concluyente para la ética. Para disputar con alguien acerca del bien y del mal, ¡debemos recurrir a la cosmovisión cristiana!

Para mostrar que el concepto no pasa la tercera prueba de cosmovisión en cuanto a relevancia, demuestre que en realidad nadie es capaz de vivir como un relativista moral. Si hay quienes pretenden que cada uno de nosotros debe decidir por sí mismo qué es bueno y qué es malo, quíteles algo, una lapicera o una botella de agua. Si se quejan, señáleles que usted está aplicando la cosmovisión de ellos en cuanto a relativismo moral, y que decidió que quería tener ese objeto que ellos tenían. Siendo que no existe una autoridad definitiva, nada malo ha hecho.

Nadie puede, en realidad, vivir como un relativista moral, de que no hay nada de malo con cosa alguna.

Por tanto, durante los últimos 2000 años, ha habido tres teorías fundamentales de derechos humanos aplicadas para gobernar: la ley natural judeocristiana, la teoría del contrato social, y el positivismo legal.[48] La ley natural judeocristiana afirma que los derechos humanos son un don de Dios, y cualquier ley humana que los viole carece de validez. Lo leemos en la Declaración de la Independencia de los EE.UU.: "Todos los seres humanos son creados iguales, dotados por su creador con ciertos derechos inalienables, entre los que están la vida, la libertad, y la búsqueda de la felicidad." Aquí se entretejen principios bíblicos y gubernamentales, de manera que protegemos el derecho que las personas tienen a la propiedad, porque el mandamiento ordena: "no robes" (Éxodo 20:15).

La teoría del contrato social dice que el gobierno es un acuerdo entre individuos de restringir su libertad a fin de convivir. Las personas se juntan y deciden qué será permisible y qué no. Pueden decidir que robar es malo sin citar para nada las Escrituras. Lo ven simplemente como algo beneficioso para los que tienen propiedades y para la sociedad en general.

El positivismo legal es simplemente esto: la ley es lo que el gobierno dice que es. Si el gobierno quiere apropiarse de la casa y el campo de usted, lo hará; el gobierno incluso roba a las personas, como en el caso del holocausto judío. Aparte de la Alemania nazi, ésta es la base para otros estados totalitarios del siglo XX, como la Rusia comunista y la China comunista, responsables de más de 100 millones de muertes en los últimos 100 años.[49]

De modo que, ¿quién establece el estándar ético de lo que es bueno y lo que es malo? ¿Dios? ¿Algunos individuos? ¿El gobierno? ¿Acaso importa? Quítele la lapicera a alguien y observe su reacción. O hable con un sobreviviente del holocausto nazi que casi fue exterminado simplemente por ser judío. Con anterioridad habíamos mencionado que los evolucionistas se ven en dificultades para explicar cómo surgió la vida de la materia inerte (científicamente imposible), y cómo la materia inerte también tuvo que desarrollar un proceso de pensamiento racional. Recuerde, también debía desarrollar un código moral acerca del bien y del mal. ¿Cómo lograrlo sin un fundamento? Quizá esto explique por qué el profesor de biología de Oxford y ateo acérrimo Richard Dawkins niega la existencia del bien y del mal.[50]

Si simplemente hay cosas malas que ocurren, ¿cómo determinamos que eran malas, en primer lugar? ¿La violación es mala? Según Randy Thornhill de la universidad de New Mexico (EE.UU.), la violación es una adaptación evolutiva en los genes de los hombres para asegurar la reproducción.[51] Thornhill, un biólogo, publicó un libro intitulado *A Natural History of Rape: Biological Bases of Sexual Coercion.* (Historia natural de la violación: fundamentos biológicos de la coerción sexual). Obviamente, el público reaccionó en contra de este "pase libre para la excarcelación" de los violadores, ya que sus genes fueron los responsables de su conducta. Un biólogo de la universidad de Stanford lo llamó la excusa de "la evolución me obligó a hacerlo", para el comportamiento criminal.

Sin embargo otros evolucionistas dijeron que podemos escoger oponernos al desarrollo evolutivo de nuestro pasado genético, ya sea que se trate de una predisposición a la violación, al asesinato, o al robo, si estamos dispuestos a rebelarnos en contra de estas fuerzas egoístas. Pero la autora Nancy Pearcy señala que "nada hay en la sicología evolucionista que responda por este poder de elección".[53] Uno de los puntos del debate entre los profesores Provine y Johnson en cuanto a las implicaciones de la evolución, aparece como un eco de este pensamiento: si la evolución es verdadera, entonces no hay dioses, ni vida después de la muerte, ni significado definitivo de la vida, ni significado concluyente para la ética, ni libre albedrío, ya que estamos programados desde nuestros genes a actuar como cobayos en un laberinto.

He aquí, entonces, el dilema: una cosmovisión debe enseñarle a uno cómo vivir a partir de una postura ética. Sin embargo, si la evolución es verdadera, no existe fundamento para la ética, de manera que cada uno de nosotros decide qué es bueno y qué es malo; pero en la práctica no funciona, no hay sociedad que pueda desempeñarse así. En este caso fracasa la prueba de relevancia, que era la prueba de cosmovisión número tres. Además, si la evolución es verdadera y hemos evolucionado de la materia inerte, y obtenido conciencia después, tenemos que combatir nuestros genes de maldad con nuestro libre albedrío, el cual es inexistente debido a que no tenemos libre albedrío, para comenzar. El concepto no pasa la prueba de cosmovisión número dos: tiene contradicciones.

Pero si ocurre un crimen, ¿qué haremos? ¿Castigamos al malhechor? ¿Trata el gobierno de proteger a la víctima? Tiene que haber un estándar para el bien y el mal, y alguien debe establecerlo, ya sea Dios, unos individuos, o el gobierno. Es una necesidad humana universal, una necesidad de orden y justicia. Y la Biblia nos explica por qué todos anhelamos la justicia a la vista de tanta maldad, porque todos conocemos el fundamento de la voluntad de Dios. La ley se escribió en los corazones de todo el género humano, según queda expuesto en Romanos 2:14-15:

> **De hecho, cuando los gentiles, que no tienen ley, cumplen por naturaleza lo que la ley exige, ellos son ley para sí mismos, aunque no tengan la ley. Estos muestran que llevan escrito en el corazón lo que la ley exige, como lo atestigua su conciencia, pues sus propios pensamientos algunas veces los acusan y otras veces los excusan.**

El mapa de la cosmovisión cristiana se ajusta a la realidad de nuestra vida: la religión tiene sentido.

Anhelamos la justicia porque la ley de Dios es parte de nosotros; conocemos los fundamentos del bien y del mal.

Las personas de nuestro medio preguntan: ¿Cómo puedes creer en Dios con toda la maldad que hay en el mundo? Al hacer la pregunta, recuerde que estas personas utilizan una cosmovisión cristiana para hablar del tema, ya que en el pensamiento evolucionista no existe un fundamento para lo ético. Además, cuando uno se las tiene que ver con el sufrimiento de verdad, como en el caso de una violación, los cristianos no hacen referencia a nuestra constitución genética y procuran una excusa biológica. Los cristianos nos acercamos a la persona que sufre y le ofrecemos ayuda, así como hizo Jesús mientras estuvo en esta tierra. Isaías 53:3-6 profetizó acerca del Mesías, Jesús, con estas palabras:

> **Despreciado y rechazado por los hombres, varón de dolores, hecho para el sufrimiento. Todos evitaban mirarlo; fue despreciado, y no lo estimamos. Ciertamente él cargó con nuestras enfermedades y soportó nuestros dolores, pero nosotros lo consideramos herido, golpeado por Dios, y humillado. Él fue traspasado por nuestras rebeliones, y molido por nuestras iniquidades; sobre él recayó el castigo, precio de nuestra paz, y gracias a sus heridas fuimos sanados. Todos andábamos perdidos, como ovejas; cada uno seguía su propio camino, pero el SEÑOR hizo recaer sobre él la iniquidad de todos nosotros.**

Jesús conoce el sufrimiento. Sufrió mientras vivió aquí en la tierra. Sufrió para salvarnos del mayor sufrimiento de todos, la separación eterna de Dios De manera que ¿cómo puede uno creer en Dios con toda la maldad que hay en el mundo? Puede, porque la cosmovisión cristiana ofrece una visión coherente de la realidad tanto del mundo material como ético. Hay orden en el universo, y hay orden moral en el mundo. Los planetas rotan y las personas tienen un sentido de lo que es bueno y lo que es malo. Los humanos son seres creados que cuentan con la dignidad del libre albedrío. ¿Quién, sino Dios, y quién, sino la Biblia, explican del mejor modo esta realidad?

La postura ética del cristianismo es de superlativos morales. Dios tuvo como objetivo nuestro bienestar, y por tanto nos reveló en la Biblia qué está permitido y qué no, de acuerdo con su santa voluntad y naturaleza perfecta, y nos otorgó la dignidad del libre albedrío. De modo que la Biblia nos muestra nuestro pecado por medio de la ley. Dios nos revela que todos hemos desobedecido sus mandamientos, como Adán y Eva, haciéndole el juego al diablo con la tentación de hacer las cosas según nuestro propio criterio, en lugar del criterio de Dios. Pero la Biblia también nos muestra a nuestro Salvador mediante el evangelio. Las buenas nuevas consisten en que por medio de la vida perfecta de Jesús y su muerte expiatoria por nosotros, se nos trae de vuelta a una correcta relación con Dios, para la cual fuimos creados. Mientras trajinamos aquí en la tierra, ejerciendo todos los talentos y habilidades con que Dios nos dotó para honrarlo, lo cual es el siguiente motivo por el que fuimos creados, aguardamos el día en que podamos ver a Dios cara a cara en el cielo. En su presencia, "Ya no habrá muerte, ni llanto, ni lamento ni dolor, porque las primeras cosas han dejado de existir" (Apocalipsis 21:4).

Nuestra mayor carencia la satisface Jesús, al salvarnos del pecado y volver a unirnos con Dios.

Hasta aquí hemos citado la Biblia muchas veces para probar alguna cuestión. Usted se habrá preguntado: "¿Pero cómo sabemos que la Biblia es la verdad?" Es una pregunta legítima, ¡de modo que vamos a probar este mapa de cosmovisión para ver su precisión!

Capítulo 6

¿Es la Biblia la verdad?

La inspiración de la Sagrada Escritura

De acuerdo con una encuesta Gallup del año 2007, aproximadamente un tercio de la población adulta de EE.UU. cree que la Biblia es la palabra de Dios y que debe aceptarse literalmente, palabra por palabra.[54] Podría decirse que la Biblia es el libro más importante del mundo, siendo que no sólo nuestra religión, sino también la filosofía, la moral, la educación, el gobierno y muchos otros asuntos obtienen sus respuestas de ella. Consecuentemente, fijemos nuestra atención en esta pregunta que quema: ¿Es la Biblia la palabra de Dios?

Los cristianos creen que la Biblia ciertamente es la palabra de Dios y que él inspiró a los que la redactaron. Hubo aproximadamente cuarenta escritores durante un período de más de 1500 años; sin embargo todos tuvieron un mismo objetivo en mente: informarnos respecto a nuestra creación, nuestra caída en pecado, y nuestra redención obrada por nuestro Salvador, Jesucristo. De manera que, si bien hay unos cuarenta escritores bíblicos, en realidad hay un solo autor: Dios. Cuando los cristianos afirman que creen en la "inspiración de las Sagradas Escrituras", quieren decir que Dios redactó la Biblia y expresó su verdad con palabras surgidas de la mente de los que escribieron, palabras escogidas por el Espíritu Santo.

Dios redactó la Biblia y expresó su verdad con palabras surgidas de la mente de los que la escribieron.

En 2 Timoteo 3:16-17 dice Pablo: "Toda la Escritura es inspirada por Dios y útil para enseñar, para reprender, para corregir y para instruir en la justicia, a fin de que el siervo de Dios esté enteramente capacitado para toda buena obra." Pedro añade: "Ante todo, tengan muy presente que ninguna profecía de la Escritura surge de la interpretación particular de nadie. Porque la profecía no ha tenido su origen en la voluntad humana, sino que los profetas hablaron de parte de Dios, impulsados por el Espíritu Santo" (2 Pedro 1:20-21). Sin embargo los escritores no escribieron al dictado, ya que evidencian diferentes estilos de escritura. (¡Compare simplemente las epístolas de Pablo con los salmos de David, por ejemplo!) Ni tampoco estaban en trance, ya que en todo el proceso expresan que están conscientes de lo que hablan, como lo hace Pablo en 2 Tesalonicenses 3:17: "Yo, Pablo, escribo este saludo de mi puño y letra. Ésta es la señal distintiva de todas mis cartas; así escribo yo." De manera milagrosa el Espíritu Santo movió al escritor a utilizar su propio vocabulario y conocimientos a fin de comunicar la verdad de Dios. El Dr. Edward Koehler de la universidad Concordia de Chicago lo explicó así:

> El Espíritu Santo no sólo motivó a estos hombres a escribir, sino que también sugirió, inspiró, y supervisó lo que escribieron. Todo el conjunto de ideas propias de la Biblia, los hechos registrados, la verdad revelada, las doctrinas que se enseñan, son en todas sus partes y particularidades lo que Dios quiso que ellos escribieran. Y esta verdad se aplica no sólo a las cosas que tienen que ver con nuestra salvación, sino también a los acontecimientos históricos, los sucesos de la naturaleza, las experiencias personales, etc.[55]

Veracidad de los documentos bíblicos

Si bien Dios inspiró a los escritores originales respecto a qué debían escribir, no contamos sin embargo hoy día con ninguno de los manuscritos originales, debido a que los materiales sobre los que escribieron no perduraron en el tiempo. Algunos de los materiales fueron

- Papiro, que constaba de varillas de esta planta rajadas y cruzadas, y luego prensadas hasta lograr una sustancia semejante al papel.
- Pieles de animales, llamadas con frecuencia pergaminos o vitelas; ycera, arcilla o tablillas de piedra.

Era necesario hacer copias, ya que la naturaleza de los materiales implicaba la desintegración de éstos.[56]

Esto nos lleva a otra pregunta: si no contamos con ninguno de los escritos originales, ¿cómo sabemos que lo que tenemos hoy fue copiado con exactitud? ¡Es otra pregunta legítima!

Para probar la exactitud de los documentos del Antiguo y Nuevo Testamentos, los investigadores se valen de lo que se denomina prueba bibliográfica. Comprueban la "redacción del libro" comparando lo que hoy tenemos con lo que dicen los manuscritos más antiguos. Por ejemplo, algunas "versiones" de documentos del Antiguo Testamento que los investigadores examinan, son la Septuaginta (una versión griega), el Pentateuco Samaritano, los Textos Masoréticos, y los Rollos del Mar Muerto. Un examen de los Rollos del Mar Muerto, la versión hebrea más antigua que tenemos del Antiguo Testamento con fecha de aproximadamente el año 100 aC, revela una exactitud asombrosa [con el texto hebreo que la iglesia ha usado durante toda su historia, N del T]. Por ejemplo, el rollo de Isaías es en un 95 por ciento idéntico en una comparación palabra por palabra.[57] ¡Es asombroso! Siendo que el material para la escritura no duraría, los copistas del texto fueron extremadamente meticulosos para asegurarse de que lo que transmitían era exacto. Los masoretas se atuvieron a normas sumamente estrictas para evitar errores al copiar. Las normas incluían reglas acerca de la tinta, el espaciado, y la abstención de escribir de memoria. Completada una línea, se contaban las letras y los espacios. Si se hallaba tan sólo un error, se destruía la copia.[58]

Imaginen tan sólo, ¡copiar algo y contar todas las letras para asegurarse de haberlo copiado correctamente! ¡Eso se llama dedicación! Es que cuando uno sabe que se trata de la palabra de Dios, trabaja con el máximo respeto y cuidado, ya que es un legado para las generaciones futuras.

¿Y qué hay acerca del Nuevo Testamento? Hay fuentes que dicen que el Nuevo Testamento cuenta con un mayor grado de exactitud que cualquier otro libro del mundo antiguo, hasta en un 99 por ciento.[59] Y lo asombroso es la fuerza del argumento cuando se lo compara con otros escritos de la antigüedad. Cuando se lo mide comparativamente con obras como *La Ilíada* de Homero, *Las guerras de las Galias* de Julio César, o los escritos de Platón, hay más copias del Nuevo Testamento hechas en un período más próximo a los originales, junto con otras versiones en aras de la comparación, que cualquier otro texto de la antigüedad. Para ser más concretos acerca de estos tres puntos, contraste el Nuevo Testamento con *La Ilíada*, la que registra el sitio griego a la ciudad de Troya. Hay más de 24.000 copias del Nuevo Testamento, comparadas con sólo 643 de la Ilíada, que ocupa el segundo lugar de mayor cantidad de copias de cualquier documento de la antigüedad después del Nuevo Testamento. Como lo hicimos con el Antiguo, el Nuevo Testamento puede verificarse contrastando lo que tenemos hoy con lo que dicen los manuscritos más antiguos.

Además, el tiempo desde la copia más antigua del Nuevo Testamento después de redactado el último libro es de aproximadamente 225 años, comparado con los 400 años para la *Ilíada*, la segunda mejor brecha de tiempo en la lista de escritos de la antigüedad. Cuantos más años se interponen, tantas más copias se necesitan, y por consiguiente mayor es la posibilidad de error. Aún así, 225 años para el Nuevo Testamento parece ser mucho tiempo, pero Frederic Kenyon, bibliotecario del Museo Británico, hace notar que los más antiguos manuscritos de gran relevancia de las obras de teatro de Sófocles, se escribieron más de 400 años después de la muerte del poeta.[60]

Leemos una obra de Sófocles, *Edipo rey*, y ni siquiera pestañamos preguntándonos, "¿es esto lo que Sófocles escribió en realidad?" Ni lo hacemos tampoco con cualquiera de los libros de Homero, Julio César o Platón. Pero cuestionamos la Biblia. ¡Los hechos muestran que no debemos cuestionar tanto la palabra de Dios, porque tampoco cuestionamos estas otras obras!

Al igual que el Antiguo, podemos cotejar el Nuevo Testamento con los diferentes idiomas en que fue escrito, tales como el griego, latín, eslavo, armenio, etc. Si todos dicen lo mismo, entonces el texto ha sido transmitido con exactitud. Al verificar lo que escribieron ellos con lo que dice nuestra Biblia, el Nuevo Testamento pasa la prueba bibliográfica. ¿Es la Biblia un documento confiable? Por completo, no le quepan dudas. El apologeta cristiano Ravi Zacharias destaca el gran número de documentos de apoyo, el breve lapso transcurrido entre los acontecimientos del Nuevo Testamento y los documentos escritos, y la variedad de otros documentos que apoyan o refutan las Escrituras, como una evidencia más de la exactitud de las Escrituras.[61]

La comparación de las más antiguas fuentes muestra que tenemos la misma Biblia.

La infalibilidad de las Escrituras

De manera que hemos establecido que la Biblia es un documento en extremo confiable, sin paralelo en la literatura de la antigüedad, y que pasa todas las pruebas bibliográficas. Pero aún habrá quienes dirán que la Biblia debe descartarse, ya que está repleta de contradicciones. A fin de poder responder a la acusación, los cristianos deben saber que la Biblia no tiene contradicciones ni errores. Otra palabra para esto es: infalible. Para demostrarlo, la Biblia tiene que pasar por una prueba de evidencia *interna*. Dicho de otro modo, si usted lee la Biblia de principio a fin, no encontrará contradicciones (recuerde la segunda de las pruebas de cosmovisión).

Los cristianos creemos que la Biblia es infalible, o sea, no tiene contradicciones, porque Dios es el autor que inspiró a los que la escribieron. Además, hay pasajes que dan testimonio de su perfección, como el Salmo 119:160: "La suma de tus palabras es la verdad, tus rectos juicios permanecen para siempre." Pero hay personas que con buen criterio argumentan que uno no puede utilizar la Biblia para demostrar que la Biblia es veraz. Correcto. Debe leerla desde el principio hasta el final y buscar contradicciones. Con mucha frecuencia la gente dice: "La Biblia está repleta de contradicciones." Responda simplemente: "¿Podría señalarme una, por favor?" La mayoría de las veces le dirán: "Bueno, no me acuerdo de ninguna así de golpe, pero es lo que oí decir."

Es para ocasiones como ésta que debe estar preparado. ¿Recuerda lo que Pablo le dijo a Timoteo en 2 Timoteo 2:24-26?

> **Y un siervo del Señor no debe andar peleando; más bien, debe ser amable con todos, capaz de enseñar y no propenso a irritarse. Así, humildemente, debe corregir a los adversarios, con la esperanza de que Dios les conceda el arrepentimiento para conocer la verdad, de modo que se despierten y escapen de la trampa en que el diablo los tiene cautivos, sometidos a su voluntad.**

En vez de menospreciar a las personas por no contar con hechos que corroboren su afirmación, puede instruirlas gentilmente con la esperanza de que Dios les conceda el arrepentimiento que las llevará al conocimiento de la verdad, porque ¡no hay contradicciones!

Durante más de 2000 años ha habido personas que trataron de encontrar errores, pero sin éxito. Lo único que usted sí encontrará es lo que está en breves notas al pie de la página, las que describen las variantes en los manuscritos. Éstas son esencialmente errores de los copistas. Por más cuidadosos que fueron, seguían siendo personas imperfectas y cometieron pequeños errores, siendo la gran mayoría de éstos variantes en la ortografía o en las palabras. ¿Recuerda el libro de Isaías de los rollos del Mar Muerto, del que hablamos anteriormente? En más del 95 por ciento es igual a la versión hebrea moderna de hoy día. La variante del 5 por ciento consiste principalmente en desaciertos de la pluma y variantes de ortografía. Considere Isaías 15:9 (NVI): "Llenas están de sangre las aguas de Dimón, y aun más plagas le añadiré." El rollo del Mar Muerto dice "Dibón", en vez de Dimón. En realidad, la Nueva Traducción Viviente (NTV) recurre a los Rollos del Mar Muerto para corregir la ortografía, y que diga Dibón. En Isaías 19:18 de los Rollos del Mar Muerto leemos: "Una de ellas será llamada Ciudad del sol." En el texto masorético dice: "Ciudad de Destrucción." Esta clase de cambios encontrará si lee las notas de pie de página. Los editores no le han ocultado nada, ¡ya que no hay nada terrible que ocultar!

Si lee todas las notas de pie de página de su Biblia, en que dice: "Algunos manuscritos dicen..." verá que casi todas son correcciones de ortografía o cambios de palabras, pero definitivamente no encontrará cambios en la doctrina, o contradicciones. Saber esto reconforta realmente, en particular habiendo personas que afirman que la Biblia está plagada de contradicciones. No es así, de ningún modo. Si así fuese, las contradicciones ya habrían sido detectadas. Y no es que los incrédulos no lo hayan intentado. El Dr. Gleason Archer, profesor de crítica bíblica de un seminario, lo expresó a la perfección en el prefacio de su *Encyclopedia of Bible Difficulties* (Enciclopedia de dificultades bíblicas):

> **Al tratar una tras otra las aparentes discrepancias y haber investigado las presuntas contradicciones entre los relatos bíblicos y las evidencias de la lingüística, la arqueología o la ciencia, mi confianza en la integridad de las Escrituras se ha visto corroborada y fortalecida repetidamente al descubrir que casi todas las dificultades de las Escrituras halladas por el hombre, desde épocas antiguas hasta el presente, han sido tratadas de manera completamente satisfactoria por el texto bíblico, o si no por información arqueológica objetiva... ningún investigador evangélico bien capacitado debe temerle a los argumentos y desafíos hostiles de racionalistas humanísticos o detractores de cualquiera y toda convicción.**[62]

La Biblia pasa la prueba de la evidencia interna; no encontrará ningún tipo de contradicciones.

Al comienzo del capítulo vimos que aproximadamente un tercio de los estadounidenses cree que la Biblia es la palabra de Dios y que debe interpretarse literalmente. ¡Qué triste! ¡Sólo un tercio! De ahí que sea tan necesaria la apologética y la defensa de la fe, porque las personas necesitan saber la verdad. Más personas tienen que saber que la Biblia está inspirada por Dios, que es confiable y no tiene contradicciones. Este mapa de la realidad se ajusta a los hechos y no se rebate a sí mismo, lo cual eran pruebas básicas de una cosmovisión. Pero, ¿sigue hablando Dios hoy día? ¿O terminó de hablar con los sesenta y seis libros de la Biblia? Continuemos y examinemos seguidamente esta pregunta.

Capítulo 7

¿Qué es el canon?

Habiendo establecido la cualidad de confiable de la Biblia al remitirnos a las copias más antiguas que existen para verificar lo que hoy tenemos, continuemos con el examen de otra pregunta: ¿Qué tienen de especial los sesenta y seis libros de la Biblia? En otras palabras: ¿qué es el canon?

El canon se define como la lista de libros con autoridad que ha sido aceptada. Contrariamente a lo que se lee en el *Da Vinci Code* (El código de Da Vinci), la Biblia no es un libro escrito por humanos, compilado por el emperador Constantino y el Concilio de Nicea en el año 325 de nuestra era.[63] No hubo un comité que escogió los libros de la Biblia de un extenso catálogo o de una biblioteca repleta de material pertinente. Los libros se fueron sumando con el transcurso del tiempo al reconocerse a un profeta como mensajero de Dios, redactarse su mensaje, coleccionarlo y aplicarlo. La Biblia comienza con Dios que habla por intermedio de Moisés. Éste escribió los primeros cinco libros: Génesis, Éxodo, Levítico, Números, y Deuteronomio. Al llegar a ser parte de la colección, se los leía según el mandato de Dios en Deuteronomio 31:10-11.

> **Y Moisés le ordenó al pueblo: "Cada siete años, en el año de la cancelación de deudas, durante la fiesta de las Enramadas, cuando tú, Israel, te presentes ante el SEÑOR tu Dios en el lugar que él habrá de elegir, leerás en voz alta esta ley en presencia de todo Israel."**

No fue el emperador Constantino quien seleccionó los libros de la Biblia en el 325 dC. Moisés escribió allá por el 1400 aC, y se fueron agregando escritos al recibir los profetas mensajes provenientes de Dios.

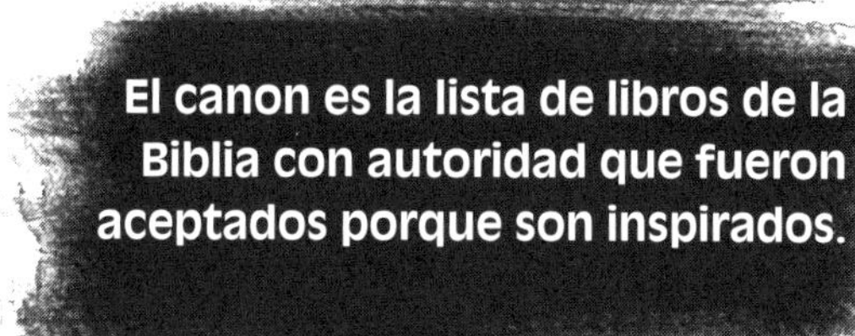

En Daniel 9:2 tenemos otro ejemplo del proceso de crecimiento de la Biblia:

> **Corría el primer año del reinado de Darío hijo de Jerjes, un medo que llegó a ser rey de los babilonios, cuando yo, Daniel, logré entender ese pasaje de las Escrituras donde el SEÑOR le comunicó al profeta Jeremías que la desolación de Jerusalén duraría setenta años.**

En el libro de Daniel, éste nos cuenta que leía el libro de Jeremías, porque era un mensaje que Dios le reveló al profeta. (Claramente, la profecía se refería a que el pueblo de Dios estaría cautivo en Babilonia durante setenta años, y después podría volver a Jerusalén). Tome nota: Dios le había revelado un mensaje a Jeremías, el cual se redactó, entró a ser parte de una colección y aplicado más tarde por Daniel. Daniel dice que sucedió durante el primer año del reinado de Darío en Babilonia, que fue el 537 aC. De ningún modo pudo ser el Concilio de Nicea quien en el año 325 dC seleccionó los libros de la Biblia, ¡porque la Biblia había ido creciendo con el tiempo! La iglesia no creó el canon, no decidió cuáles libros serían llamados las Escrituras. En lugar de esto, la iglesia reconoció la palabra inspirada de Dios desde sus comienzos.[64]

Todo lo que Dios reveló por medio de los profetas es lo que leemos en los treinta y nueve libros del Antiguo Testamento, de Génesis a Malaquías. A partir del siglo IV aC los judíos estuvieron convencidos de que los profetas habían cesado de hablar, de modo que no hubo nuevas revelaciones de parte de Dios.[65] Más tarde, en el siglo I dC Filo, un filósofo judío, y Josefo, un historiador judío, dieron testimonio acerca de las Escrituras hebreas que conocemos como el Antiguo Testamento.

Los libros se fueron agregando a medida que el profeta de Dios recibía un mensaje que se escribía y aplicaba a la vida.

Jesús y los libros del Antiguo Testamento

Sin embargo, hay personas que no aceptan que estos documentos históricos confirman el hecho de que el Antiguo Testamento ya existía y que fue aprobado como la palabra de Dios. Quizá no les guste el contenido de algunos de los capítulos. O quizá no les agrade el concepto de que existe Dios, que es la autoridad máxima. Pero cuando uno habla con ellos es de vital importancia recordar este hecho: Jesús aceptó el Antiguo Testamento y lo citó. Los libros de aquel Antiguo Testamento eran los mismos que los que tenemos nosotros, excepto el orden y la disposición de algunos de los libros. Es de la mayor importancia recordar las citas que vienen a continuación. En Juan 10:35 dijo Jesús: "La Escritura no puede ser quebrantada." Y en Juan 17:17 expresó: "Tu palabra es la verdad." Siendo que el Antiguo Testamento es considerado la verdad e inquebrantable, Jesús dio testimonio de que es la palabra de Dios. Después de su resurrección, dijo a sus discípulos:

> **–Cuando todavía estaba yo con ustedes, les decía que tenía que cumplirse todo lo que está escrito acerca de mí en la ley de Moisés, en los profetas y en los salmos. Entonces les abrió el entendimiento para que comprendieran las Escrituras. –Esto es lo que está escrito –les explicó–: que el Cristo padecerá y resucitará al tercer día, y en su nombre se predicarán el arrepentimiento y el perdón de pecados a todas las naciones, comenzando por Jerusalén. Ustedes son testigos de estas cosas. Lucas 24:44-48**

¿Aceptó Jesús el Antiguo Testamento? ¡Por supuesto! Jesús mencionó la ley de Moisés, los profetas y los salmos. Es una expresión que abarca las tres secciones de las Escrituras hebreas que nosotros llamamos el Antiguo Testamento. Estas Escrituras tuvieron su origen en Dios y profetizaron acerca del Mesías, Jesús. Jesús no tuvo ningún problema en aceptar la autoridad de estos escritos, fueran compuestos por Moisés o algún otro profeta, ya que Dios habló por intermedio de ellos.

Jesús aceptó los libros del Antiguo Testamento como verdaderos e inquebrantables, como la palabra de Dios.

Los libros del Nuevo Testamento

Siendo que Jesús y la iglesia primitiva ya contaban con las Escrituras del Antiguo Testamento, ¿cómo es que la Biblia llegó a incorporar el Nuevo Testamento? ¿Recuerda que Jesús escogió doce discípulos a los que adoctrinó deliberada e intensivamente? En Mateo 28:19-20 les dio el mandato:

> **Por tanto, vayan y hagan discípulos de todas las naciones, bautizándolos en el nombre del Padre y del Hijo y del Espíritu Santo, enseñándoles a obedecer todo lo que les he mandado a ustedes. Y les aseguro que estaré con ustedes siempre, hasta el fin del mundo.**

Siendo que debían enseñar todo lo que Jesús les había mandado, todos los escritos de los apóstoles fueron guardados como importantes, ya que se les confió transmitir la palabra de Dios. Por esto a la iglesia se la representa como un edificio en Efesios 2:20: "…edificados sobre el fundamento de los apóstoles y los profetas, siendo Cristo Jesús mismo la piedra angular."

De manera que así como el Antiguo Testamento era la palabra inspirada de Dios, comunicada por los profetas, del mismo modo el Nuevo Testamento era la palabra inspirada de Dios comunicada por los apóstoles. Sin embargo no todos los escritores fueron apóstoles de Jesús. Norman Geisler dice que la autoridad apostólica, o la aprobación apostólica, fue la principal prueba de que eran canónicos, y no simplemente la autoría apostólica.[66]

Los libros del Nuevo Testamento se agregaron al escribir los apóstoles de Jesús mensajes que se aplicaron a la vida.

Durante el tiempo que media entre los años 100-350 dC hubo discrepancia acerca de siete libros del Nuevo Testamento que tenemos hoy. Nadie cuestionó la apostolicidad de los cuatro evangelios, del libro de Hechos, de las trece cartas de Pablo, de 1 Pedro, y de 1 Juan. Después de todo, los escribieron los apóstoles, o contaron con la "aprobación apostólica". Por ejemplo, al evangelio según San Marcos se lo considera como el evangelio de Pedro. Lucas documentó su evangelio, y fue además un evangelizador junto con el apóstol Pablo, mientras redactó el libro de Hechos. Justino Mártir, apologeta cristiano del siglo II dC, señala que en los cultos en las congregaciones se leían los escritos del Nuevo y del Antiguo Testamentos indistintamente, lo cual fue una muestra de su autoridad divina. "El hecho de que se lo leyera públicamente en las iglesias llegó a ser para las generaciones futuras uno de los principales criterios para su cualidad de canónico... casi podría decirse que la iglesia tuvo un canon antes de que comenzara a pensar en el canon."[67] Aparte de Justino Mártir, hubo otros Padres de la iglesia del siglo II, que hicieron referencia a los libros del Nuevo Testamento, contándose entre éstos, sin agotar la lista, Clemente de Roma, Ignacio, y Tertuliano.[68]

No obstante, hubo siete libros que se cuestionaron: Hebreos, Santiago, 2 Pedro, 2 y 3 Juan, Judas y Apocalipsis. Durante años, el principal cuestionamiento fue su autoría. No se consigna al autor de Hebreos, pero el mensaje no se contradecía con el resto de la Biblia, de modo que se lo aceptó. Santiago y Judas no fueron apóstoles pero sí medio hermanos de Jesús y más tarde sus seguidores, de manera que sus escritos también se incluyeron posteriormente. Al comparar los estilos de 1 Pedro y 2 Pedro, se notan dos estilos diferentes, pero finalmente acordaron en la explicación de que Pedro escribió su primera carta con la ayuda de Silas (1 Pedro 5:12), en tanto que la segunda la escribió Pedro solo. La segunda y tercera epístolas de Juan eran cartas de poca extensión y no se citaban con frecuencia. Fueron escritas por "el anciano", presuntamente el apóstol Juan, debido al lenguaje de las cartas. El Apocalipsis fue escrito por "Juan", pero hubo quienes cuestionaron que el autor fuese el apóstol.

El Dr. Martin Franzmann del Concordia Seminary expresó lo siguiente en su libro *The Word of the Lord Grows:* (El crecimiento de la palabra del Señor)

> **El cristianismo no evolucionó de una religión del espíritu a una religión del libro, según se ha afirmado. Desde el comienzo fue una "religión del libro", y el nuevo libro, nuestro Nuevo Testamento, ocupó su lugar junto al Antiguo no súbitamente ni de modo mágico, sino por un proceso histórico gradual con el correr de los años, mientras la iglesia adoraba, trabajaba, y peleaba sus batallas... No hay comisión de teólogos ni concilio de iglesia que defina el canon o que le imponga un canon a la iglesia. El canon no se hace; crece y se lo reconoce. Y es el caso también en el siglo IV, cuando el canon tomó la forma que estaba destinado a conservar siempre en la iglesia occidental.[69]**

Finalmente, por el 350 dC, los sesenta y seis libros que tenemos, de Génesis a Apocalipsis, se completaron. Usted podrá encontrar algunas Biblias que incluyen los libros apócrifos. Norman Geisler señala que estos libros los agregó la iglesia católica romana en 1546 como parte de la contrarreforma. Originalmente no fueron parte del canon debido a doctrinas contradictorias, anacronismos históricos, e imprecisiones geográficas. Es interesante notar que el filósofo judío Filo, el historiador judío Josefo y Jesús, nunca los citaron como palabra de Dios. Los escritores del Nuevo Testamento y la iglesia primitiva, no los reconocieron tampoco como inspirados.[70]

Al comienzo del capítulo mencionamos que hay quienes no sólo creen que la Biblia es un libro de producción humana, de ningún modo inspirado por Dios, sino que es también un libro elaborado por un comité siglos más tarde. Nada más lejos de la verdad. Usted cuenta no sólo con el testimonio de la Biblia, sino con el de escritos históricos para constatar los hechos. Las reivindicaciones del cristianismo están respaldadas por los hechos. Pasa la primera prueba de cosmovisión una vez más, se ajusta a los hechos. ¡El mapa es seguro! De modo que desde Moisés, que escribió por el 1400 aC, hasta Juan que escribió Apocalipsis por el 100 dC, Dios habló por intermedio de los profetas y los apóstoles. Y siendo que el libro es verdadero, entonces el primer acontecimiento de la Biblia para el que encontramos evidencia de su veracidad hoy, es el diluvio. ¿Envió Dios realmente un diluvio universal? ¿Es cierto que Noé construyó un barco enorme para sobrevivir? ¿Cómo pudieron caber en él todos los animales? Respondemos a éstas y muchas preguntas más en el próximo capítulo.

Capítulo 8

El diluvio de la época de Noé, ¿fue un acontecimiento de alcance universal?

Referencias fuera de la Biblia

Al leer la Biblia desde el principio, vemos que los primeros acontecimientos son la creación en Génesis 1-2, la caída en pecado en el capítulo 3, el primer homicidio en capítulo 4, y la genealogía de los descendientes de Adán hasta Noé en el capítulo 5. Después sigue el relato del diluvio en los capítulos 6-9. El mundo se había vuelto tan pecador que Dios tuvo que poner fin al género humano y comenzar de nuevo con Noé y su familia. ¿Por qué fue un día de juicio final para todo el género humano con excepción de Noé? Porque el Señor vio "que la maldad del ser humano en la tierra era tan grande, y que todos sus pensamientos tendían siempre hacia el mal..." (Génesis 6:5). Pero en Génesis 6:9 dice: "Noé era un hombre justo y honrado entre su gente. Siempre anduvo fielmente con Dios." Poniendo de relieve la realidad de este acontecimiento histórico, Jesús habló del diluvio en Mateo 24:38-39 y en Lucas 17:26-27, así como lo hizo también el autor de Hebreos en 11:7 y Pedro en 2 Pedro 2:5 y 3:5-6. En tanto que hay muchas referencias acerca de Noé y el diluvio en la Biblia, hay también muchas referencias fuera de la Biblia acerca de un diluvio universal en los anales de la historia de todo el planeta. Existen hoy día más de 270 relatos de un diluvio en todos los continentes, algunos con detalles asombrosamente similares al relato de Génesis 6-9, el cual resulta ser el más extenso y más detallado de todos. Sin embargo, estas diferentes versiones, con sus sutiles cambios, encuentran su explicación en el hecho de que al pasarse el relato de generación en generación, perdió o sufrió cambios en algunos de los detalles. Los que siguen son algunos ejemplos tomados de todo el planeta:[71]

Los habitantes de Hawai cuentan de un hombre bueno y su familia que sobrevivieron a un diluvio que abarcó el mundo entero y que terminó con toda la gente mala. El nombre del hombre era Nu-u, quien construyó una enorme canoa con una casa y la llenó de animales. Los chinos tienen un relato similar, pero más preciso. El nombre del hombre era Fuhi, y solamente él con su esposa, tres hijos y tres hijas (no las esposas de los tres hijos según el relato de Génesis 7:13) sobrevivieron a un diluvio que cubrió las más altas montañas de la tierra. En la pintura de un templo chino que representa el diluvio de Fuhi, se ve una paloma con una rama de olivo en el pico, que vuela hacia el barco, tal como lo declara la Biblia en Génesis 8:10. Los toltecas de Méjico aseveran que el mundo tuvo una duración de 1716 años antes de ser destruido por un diluvio universal que cubrió incluso las montañas más elevadas. (La duración de 1716 años se ajusta a la genealogía bíblica de Génesis 5). Unas pocas personas sobrevivieron en una "caja cerrada". Después, las personas tuvieron familias y comenzaron a edificar una torre enorme en caso de que viniese otro diluvio. Sin embargo, el idioma que utilizaban se hizo muy confuso y entonces se dispersaron desde allí a otros lugares del mundo. (¡Vaya, me suena como el relato de la torre de Babel de Génesis 11:1-9! Dicho sea de paso, existen nueve relatos más, similares a éste, de la torre de Babel en el planeta.[72]) Los toltecas afirman que tuvieron sus orígenes de siete amigos y sus esposas que hablaban el mismo idioma y viajaron juntos hasta radicarse en el sur de Méjico, 520 años después del diluvio.

¿Por qué tomarnos la molestia de conocer estos relatos? Porque constatan que la Biblia es verdad, la verdad que se ajusta a los hechos y corresponde a la evidencia que tenemos. Aquí tenemos más de 270 relatos de todo el planeta que cuentan la misma historia, el suceso de un diluvio universal en el que todos perecieron con excepción de los que se encontraban en un barco. ¿Coincidencia? ¡Difícilmente! ¿Se dio justamente que todas las culturas idearon historias similares? ¿O es que el suceso realmente se dio y las personas después contaron la historia, alterando algunas partes u omitiendo detalles con el transcurso del tiempo? ¿Qué otro acontecimiento encontramos repetido cientos de veces con tanto detalle?

Más de 270 historias de todo el planeta cuentan un relato similar de un diluvio universal.

Preguntas acerca del arca de Noé y el diluvio

Hablando de detalles, diremos que el relato del diluvio de la época de Noé es la más detallada y extensa de todas las historias registradas que tenemos. Tiene sentido, ya que Dios se lo reveló a Moisés mientras éste escribía el Génesis. Sin embargo, con el correr de los años, han surgido muchas objeciones respecto a la veracidad del relato del diluvio universal. Un libro excelente para hacer frente a tales objeciones es *The Genesis Flood: The Biblical Record and its Scientific Implications* (El diluvio del Génesis: El relato bíblico y sus implicancias científicas) por John Whitcomb y Henry Morris.

El diluvio cubrió las montañas, según lo consignan los demás relatos; Génesis 7:19-20 dice que el nivel del agua subió más de siete metros por encima de las montañas. ¿Pero hay suficiente agua en el planeta para que sucediera? La respuesta es: sí. En los océanos hay suficiente agua como para cubrir la tierra con 2,5 km de alto si todas las montañas se nivelaran y los valles oceánicos se llenasen. Dicho de otro modo, si el planeta fuera tan liso como una bola de billar, hay suficiente agua como para cubrir la tierra entera con 2,5 km de alto.[73] Además, las montañas de la época de Noé quizá no tuvieron la altura que tienen hoy día debido a la naturaleza catastrófica del diluvio y sus secuelas.[74] ¿Y dónde está, hoy día, el agua del diluvio? En los océanos y mares, ya que tres cuartas partes de la superficie del planeta se encuentra bajo agua.[75]

El planeta cuenta con agua en cantidad más que suficiente como para cubrir las montañas.

Los meteorólogos presentan otra objeción interesante respecto a un diluvio universal: "No contamos con suficiente cobertura de nubes para lograr que llueva durante 'cuarenta días y cuarenta noches' para inundar la tierra." Es un punto de vista válido, pero no es lo que dicen las Escrituras. Según Génesis 7:11: "...se reventaron las fuentes del mar profundo y se abrieron las compuertas del cielo." No fueron nubes de lluvia las que inundaron la tierra con agua, sino posiblemente la liberación masiva de aguas subterráneas debido a la actividad sísmica y volcánica.[76] Las aguas, debido a la enorme presión de la tierra encima de ellas, fueron liberadas repentinamente por un descomunal terremoto y expulsadas hacia lo alto, a la atmósfera. Habrá sido así también cuando la capa adicional de vapor de agua que cubría el planeta (a partir del segundo día de la creación) colapsó y contribuyó a inundar la tierra. "Las erupciones volcánicas junto con la liberación de las fuentes del mar profundo pueden haber arrojado polvo hacia la capa de vapor de agua, haciendo que el vapor de agua se juntara con las partículas alrededor de un núcleo e hiciera llover."[77]

Otra explicación posible es un cataclismo en las placas tectónicas. Posiblemente debido a un increíblemente grande terremoto, la corteza terrestre se partió en líneas que atravesaron el globo. Aparte del agua que surgió, el manto, o sea las rocas candentes debajo de la corteza, se elevaron llenando los huecos en la corteza, convirtiendo en vapor el agua fría de los océanos. Esto a su vez formó una línea de chorros de vapor que arrojaron colosales cantidades de agua de mar hacia la atmósfera, que durante cuarenta días cayó como lluvia.[78] Así "se reventaron las fuentes del mar profundo y se abrieron las compuertas del cielo" (Génesis 7:11). Además, los océanos deben haber inundado los continentes debido a la elevación del manto, ya que hasta el fondo del océano se elevó, igual que la enorme cantidad de agua que surgió de "las fuentes del mar profundo". No fueron las nubes y el agua de lluvia contenida en ellas lo que inundó la tierra. Al respecto la Biblia se expresa claramente.

El diluvio no lo causaron las nubes, sino las fuentes subterráneas y el agua de éstas que cayó desde la atmósfera.

Los libros para niños y los juguetes que representan el arca de Noé dan pie para otra objeción más: ¿Cómo pudieron caber allí todos los animales? En Génesis 6:15-16 encontramos las dimensiones. El arca medía ciento cuarenta metros de largo, veintitrés de ancho y catorce de alto. Imagínese un edificio de cuatro pisos, más largo que una cancha de fútbol, ¡y tendrá una idea del tamaño del arca! Tales dimensiones proveyeron un espacio de más de 457.000 metros cúbicos, o sea el equivalente a 520 vagones de ferrocarril.[79] ¡Es un contenedor enorme en el que se pueden meter cosas y más cosas! Noé, su familia y los animales estuvieron en el arca algo más de un año (Génesis 7:11; 8:14), de manera que tuvieron que almacenar enormes cantidades de alimentos y agua. John Woodmorappe, en su libro *Noah's Ark: A Feasibility Study* (El arca de Noré, un estudio de factibilidad), calcula que algo menos de la mitad de las cubiertas del arca se necesitó para los animales y las jaulas. El resto del espacio tuvo que servir para el almacenamiento de alimentos, agua, y el acomodamiento de las personas.[80] ¿Es posible? Según el libro *Noah's Ark: A Feasibility Study*, a lo sumo 16.000 animales fueron imprescindibles para preservar las especies creadas por Dios originalmente. Sin embargo, otros científicos de la creación han calculado que el número de criaturas tuvo que ser de aproximadamente 35.000. En cualquier caso, la clave es ésta: "solamente hicieron falta los 'tipos' matrices de las especies para repoblar la tierra. Por ejemplo, sólo fueron necesarios dos perros para dar origen a todas las especies perrunas que existen hoy."[81] Noé no tuvo que tomar dos de cada una de las especies que tenemos hoy día sobre el planeta. Por lo demás, escoger animales jóvenes de cada clase habrá sido una decisión astuta. Éstos ocupan menos espacio, comen menor cantidad de comida, y dejan menos desechos. Además, los cachorros serían capaces de repoblar la tierra después del diluvio con muchas más generaciones que los animales más viejos.[82] De manera que las dimensiones proveyeron no sólo espacio suficiente para la familia de Noé, los animales y las provisiones, sino que también probaron que el arca contaba con gran estabilidad en el agua. Un estudio de investigación de buques constató que las dimensiones del arca eran las que brindaban las mejores condiciones de navegación de entre doce modelos de barcos que se probaron, tomando en cuenta confort, estabilidad y resistencia. Efectivamente, el diseño del arca es tan resistente que pudo sortear el peligro de olas de una altura de treinta metros.[83] Otra investigación demostró que la configuración del arca era tal que era casi imposible que volcara.[84] Con ciento veinte años de tiempo y la información que Dios le proveyó para la construcción del arca (Génesis 6:3, 14-16), Noé no construyó un barco de juguete; era una barcaza de gran tamaño, diseñada para flotar sobre mar abierto durante meses.

El arca contaba con suficiente espacio para las personas, animales, provisiones, y la supervivencia en alta mar.

Sin embargo, incluso con espacio suficiente para las personas, los alimentos y los animales, ¿cómo se las arreglaron Noé y los demás para cuidar de los animales durante el diluvio? Siendo que estuvieron en el arca algo más de un año, ¿no fue una tarea abrumadora? En primer lugar, debemos recordar que los animales vinieron a Noé según Génesis 6:20; 7:9, y 15; Noé no tuvo que salir a capturarlos para llevarlos a bordo. En segundo lugar, como reacción al interior oscuro de un barco que se balancea, muchos animales habrán entrado en hibernación. Finalmente, según remarcó John Woodmorappe, unos pocos granjeros pueden criar miles de cabezas de ganado en un espacio reducido. Con los dispositivos básicos como un sistema acuífero y dispensador de alimentos, no parece ser tan imposible para ocho personas cuidar de miles de animales sobre el mar por un período de algo más de un año.[85]

Con dispositivos de alimentación, agua y remoción de desperdicios, la familia de Noé pudo cuidar de los animales.

La idea del arca que flota sobre un planeta completamente sumergido es la mayor objeción que presentan los que no creen el relato del diluvio. Los escépticos por lo general dicen que el diluvio de la época de Noé fue de alcance local, limitado tan sólo a la región donde él se encontraba. Sin embargo, de haber sido así, no habría habido necesidad de construir el arca. Noé y su familia simplemente podrían haberse ido a pie a otra región. Es que en realidad no hubo otra vía de escape de la destrucción del género humano. Se desprende claramente de los pasajes bíblicos que encontramos previos al diluvio:

> **Y Dios dijo a Noé: "He decidido acabar con toda la gente, pues por causa de ella la tierra está llena de violencia. Así que voy a destruir a la gente junto con la tierra... Porque voy a enviar un diluvio sobre la tierra, para destruir a todos los seres vivientes bajo el cielo. Todo lo que existe en la tierra morirá." Génesis 6:13, 17**

Después del diluvio, Génesis 7:23 dice lo siguiente: "Dios borró de la faz de la tierra a todo ser viviente, desde los seres humanos hasta los ganados, los reptiles y las aves del cielo. Todos fueron borrados de la faz de la tierra. Sólo quedaron Noé y los que estaban con él en el arca." Jesús se refirió a la destrucción del género humano en Mateo 24:38-39:

> **Porque en los días antes del diluvio comían, bebían y se casaban y daban en casamiento, hasta el día en que Noé entró en el arca; y no supieron nada de lo que sucedería hasta que llegó el diluvio y se los llevó a todos. Así será en la venida del Hijo del hombre.**

El apóstol Pedro repite el concepto en sus dos cartas: "...en los días de Noé, desobedecieron, cuando Dios esperaba con paciencia mientras se construía el arca. En ella sólo pocas personas, ocho en total, se salvaron mediante el agua" (1 Pedro 3:20). En 2 Pedro 2:5 añade: "Tampoco perdonó al mundo antiguo cuando mandó un diluvio sobre los impíos, aunque protegió a ocho personas, incluyendo a Noé, predicador de la justicia."

Pero uno de los argumentos más contundentes para refutar la idea de un diluvio local es la promesa que Dios hizo a Noé: "Cuando yo cubra la tierra de nubes, y en ellas aparezca el arco iris, me acordaré del pacto que he establecido con ustedes y con todos los seres vivientes. Nunca más las aguas se convertirán en un diluvio para destruir a todos los mortales" (Génesis 9:14-15). Isaías 54:9 se hace eco de la declaración: "Para mí es como en los días de Noé, cuando juré que las aguas del diluvio no volverían a cubrir la tierra." Dios que habita en el cielo y que inundó toda la tierra, establece ahora un pacto con Noé (y todo el género humano), y alude al arco iris como señal del pacto, en que promete no volver a inundar toda la tierra. Si el diluvio de Noé fue local, la promesa no tiene sentido. Dios ya habría roto su promesa incontables veces, ya que las inundaciones locales son un hecho de la vida.[86]

> **La necesidad de un arca en un diluvio universal es evidente del contexto y la reiteración; todos, con excepción de ocho personas, murieron.**

Si solamente ocho personas sobrevivieron al diluvio, ¿cómo se originó el género humano a partir de la familia de Noé? O habrá quienes lo expresen de esta manera: ¿cómo se originaron todas las "razas"? En realidad, hay una sola raza, la raza humana. Los diferentes grupos de personas se clasifican así por el color de la piel y la configuración de los ojos, ¡pero la diferencia genética fundamental entre cualesquiera dos personas de este planeta es de un sorprendente 0.2 por ciento![87] ¡Realmente somos básicamente iguales! En la mayoría de los casos la diferencia se debe a la cantidad de melanina, la cual nos da el color de la piel. Consecuentemente, es probable que Adán y Eva, al igual que los ocho del arca de Noé (Noé, sus hijos Sem, Cam y Jafet, y sus respectivas esposas), fueran personas de piel del color del café. Un sencillo ensayo en genética básica demuestra que los padres de piel del color del café pueden tener descendientes con una variedad de coloración de la piel.[88]

> **Si la familia de Noé fue de piel del color del café, sus descendientes pudieron crear toda una gama de colores.**

Una última objeción respecto al diluvio universal se presenta generalmente de manera cómica: ¿Cómo fueron a parar los canguros a Australia? En otras palabras: ¿cómo emigraron los animales a todos los continentes? Una pregunta legítima que puede responderse también legítimamente: por medio de puentes naturales. Aún hoy es posible reconocer los restos de tales puentes naturales en zonas como, por ejemplo, el estrecho de Bering entre América del Norte y Asia[89]

Para llegar a Australia, los canguros pueden haber tenido varias opciones: por medio de extensas esteras flotantes de troncos de árboles desgarrados, del mundo antediluviano; pudo haber habido personas que los transportaron hasta allí en botes; o pueden haber emigrado por tierra por puentes naturales si los niveles del mar eran más bajos durante el período posdiluviano.[90] Las indias orientales no habrán sido un puente continuo de "piedras escalonadas" hacia Australia; ¡habrá sido sencillamente un puente ininterrumpido!

Consecuencias geológicas del diluvio

Según se manifestó al comienzo de este capítulo, el diluvio es el primer acontecimiento narrado en la Biblia para el cual encontramos evidencias de su veracidad hoy día. Aunque no existan evidencias tangibles acerca de Adán y Eva, Caín y Abel, y todas las demás personas antes de Noé, el diluvio sin embargo dejó marcas permanentes en nuestro planeta incluso hasta el día de hoy.

Hay cuatro evidencias geológicas principales del diluvio. En primer lugar, en todos los continentes se encuentran fósiles de criaturas marinas muy por encima del nivel del mar. Sorprendentemente, hasta en el Himalaya de Nepal, con la montaña más alta del mundo, el Everest, hay fósiles marinos. ¿Acaso es posible? Lo es, porque el monte Everest, al igual que otras masas rocosas, estuvo bajo el agua, según lo expresa con toda claridad el relato del Génesis. Previamente habíamos mencionado el cataclismo ocurrido en las placas tectónicas, y dijimos que los océanos habían inundado los continentes. Para que sucediera, tuvo que añadírsele agua a los océanos, agua que procedió de "las fuentes del mar profundo" (Génesis 7:11) que reventaron gracias a un descomunal terremoto. Además, el fondo del océano tuvo que elevarse, debido a que se elevó el manto de la tierra. Consecuentemente, las criaturas marinas que vivían en los océanos quedaron depositadas en los continentes por el elevado nivel del mar.[91] Así lo expresa el Salmo 104:5-9:

> **Tú pusiste la tierra sobre sus cimientos, y de allí jamás se moverá; la revestiste con el mar, y las aguas se detuvieron sobre los montes. Pero a tu reprensión huyeron las aguas; ante el estruendo de tu voz se dieron a la fuga. Ascendieron a los montes, descendieron a los valles, al lugar que tú les asignaste. Pusiste una frontera que ellas no pueden cruzar; ¡jamás volverán a cubrir la tierra!**

En este pasaje, el salmista explica que Dios inundó toda la tierra, y cubrió las montañas, y que después las aguas descendieron a los valles de los océanos desde las montañas. Nunca más las aguas cubrirán la tierra. Así fue como se depositaron los fósiles marinos. Las montañas del mundo antediluviano probablemente no tuvieron la altura que tienen hoy, quizá solamente unos dos mil metros de altura.[92] No obstante, después de ser depositados los fósiles allí debido al diluvio, hubo significativos movimientos sísmicos que elevaron las montañas a la altura que tienen hoy, y los fósiles quedaron como evidencia de la catástrofe universal.

En todos los continentes se encuentran fósiles de criaturas marinas muy por encima del nivel del mar.

Una segunda evidencia geológica en favor del diluvio fue el rápido hundimiento de miles de millones de plantas y animales en todo el planeta. Es lo que uno espera que sucediera en una catástrofe global como el diluvio.Veamos, rápidamente, ¿cómo se hace un fósil? Buena pregunta. Para producir un fósil es necesario enterrar rápidamente al sujeto con las condiciones ideales de suelo y presión extrema. Sin estas tres condiciones los organismos se pudrirán y no quedarán preservados.

> Por ejemplo, las partes blandas (medusa, excrementos animales, escamas y aletas de peces) o esqueletos enteros, grandes, completamente articulados (p ej, ballenas o grandes dinosaurios como el T-Rex) han quedado preservados. O podemos encontrar contorsionados los cuerpos de muchas criaturas. Toda esta evidencia demuestra que las criaturas fueron enterradas rápidamente (en muchos casos incluso enterradas vivas) y fosilizadas antes de que los carroñeros, los microorganismos de la descomposición y los procesos de erosión, pudieran borrar la evidencia. Se las encuentra en todo el mundo y en los diversos estratos.[93]

Tome nota de lo que no es necesario: millones y miles de millones de años. Los extensos períodos nada tienen que ver con la producción de un fósil. Cuando inspeccionamos el registro de fósiles, vemos que hay momentos asombrosos congelados en el tiempo, tales como un pez que se come a otro, ¡o un ictiosauro (un dinosaurio marino) en el momento de parir! A fin de captar a estas criaturas en tales situaciones, deben ser enterradas rápidamente en el escenario apropiado con muchísima presión. El diluvio fue el momento y el escenario que permitió que miles de millones de plantas y animales quedasen perfectamente preservados. Por lo demás, al observar los cementerios de fósiles, los investigadores encuentran muchas veces una mezcla de criaturas marinas y terrestres juntas, lo que indica que el torrente diluviano barrió tanto los continentes como los océanos, según vimos en la sección anterior. Por ejemplo, en Wyoming, un cementerio de fósiles exhibe un cocodrilo, varios peces, aves, tortugas, moluscos, crustáceos, varios insectos, y hojas de palma. ¡Extraños depósitos en un Estado alejado del océano! En Tasmania, se encuentran caracoles, almejas, y una ballena junto a una zarigüeya, todos fosilizados[94]

Una evidencia geológica del diluvio es que en todos lados miles de millones de plantas y animales quedaron enterrados rápidamente.

Una tercera evidencia geológica del diluvio es que los estratos de sedimentos, a veces a kilómetros de profundidad, están dispersados por extensas zonas y fueron depositados rápidamente. Un ejemplo es el famoso Grand Canyon (Gran Cañón) de Arizona. Los estratos de roca visibles en las paredes del cañón se encuentran en seis sumamente gruesas y peculiares secuencias de estratos de rocas sedimentarias, que pueden ser rastreados a través de todo el continente norteamericano. En otros casos, algunos estratos de rocas sedimentarias pueden rastrearse a través de diferentes continentes. Por ejemplo, los estratos de tiza del sur de Inglaterra pueden rastrearse desde los países europeos hasta el oriente medio. Los depósitos de carbón se extienden desde América del Norte hasta Europa y Asia. Estos estratos de sedimentos también fueron enterrados rápidamente; la evidencia muestra que ocurrió en cuestión de horas o días. Se ajusta al relato bíblico del diluvio y la masiva convulsión geológica que tuvo lugar.[95]

Los estratos de sedimentos dispersados a través de enormes extensiones y depositados rápidamente, encuentran su explicación en el diluvio.

Una cuarta evidencia geológica en favor del diluvio es que los estratos rocosos quedaron fijados en rápida sucesión con inmediata o ninguna erosión entre los estratos. Por contraste, el concepto que prevalece hoy es el de procesos lentos y graduales que necesitaron cientos de millones de años para depositar todos los estratos rocosos. Si esto fuese verdad, uno esperaría hallar ejemplos de la acción del clima y de la erosión después de depositados los sucesivos estratos, siendo que se habla del transcurso de millones de años. Sin embargo, no es así; el registro geológico apoya el relato del diluvio.[96] Nuevamente sirve de excelente ejemplo el Grand Canyon, con depósitos de gran grosor, uniformes, horizontales, de varios sedimentos que yacen uno sobre el otro desde el fondo del cañón hasta la cima.[97] Los estratos rocosos plegados del Grand Canyon y de otros lugares, indican que los estratos deben haberse depositado en rápida sucesión y plegado mientras estaban aún blandos y flexibles, como una pila de delgados panqueques que sobresalen del borde de un plato.[98] La violenta convulsión ocasionada por el diluvio puede explicar también esto, mientras que los geólogos que adhieren al modelo de procesos lentos y graduales no pueden, debido a que la roca habría estado quebradiza después de millones de años.[99]

Los estratos rocosos se depositaron en rápida sucesión con inmediata o ninguna erosión entre los estratos.

Avistamientos del arca

Aparte de las evidencias geológicas del diluvio, hay quienes creen que existe evidencia material del arca, que podría examinarse. En Génesis 8:4 leemos: "El día diecisiete del mes séptimo el arca se detuvo sobre las montañas de Ararat." Hay un monte Ararat en Turquía, de una altura de unos 5.100 metros. Según se dice, esa montaña es una de las más difíciles de escalar; casi todos los días hay tormentas, con vientos de 150 km por hora. La cumbre está siempre cubierta de nieve; los únicos meses en que algo de nieve y hielo se derriten en las cercanías de la cima son agosto y septiembre. Tales condiciones parecen ser el mayor problema para localizar el arca. Si de veras se encuentra sobre el monte Ararat, estará bajo nieve y hielo a gran altura, probablemente a 4,200 metros, altura a la que es posible acceder, en el mejor de los casos, solamente unas pocas veces al año.[100]

Durante siglos ha habido personas que afirmaron haber visto el arca. Una lista parcial incluye lo siguiente: Entre los historiadores de la antigüedad que mencionan el arca se cuentan Berosus, un historiador caldeo del año 257 aC, y Josefo, historiador judío del siglo I dC En épocas más recientes, en 1883, el gobierno turco informó que había un barco antiguo con establos y jaulas, atrapado en el hielo sobre la montaña. A principios del siglo veinte, George Hagopian afirmó que el arca pudo verse después de una sequía de cuatro años, y que estaba partido en dos grandes secciones. El zar Nicolás II envió dos expediciones rusas a medir y fotografiar el arca; los resultados de estas expediciones jamás se encontraron, probablemente fueron extraviados durante la revolución del año 1917, poco tiempo después de las expediciones. Las siguientes personas (entre otras) dicen haber visto realmente el arca en años recientes: Ed Davis en 1943, Ed Behling en 1973, y Ahmet Ali Arslam en 1989. Gracias a un clima cálido y la ayuda de guías, pudieron ver el sitio. Todos fueron entrevistados. A uno de ellos hasta se lo sometió a un interrogatorio con un detector de mentiras para verificar su informe. Ed Davis aprobó el examen, pero tanto a él como a los demás nos les importa si les creen o no. Ellos simplemente comparten su experiencia, ya que conocen la verdad.[101]

Aparte de la gran altura y las tormentas, los mayores obstáculos a los que se enfrentan las expediciones que pretenden escalar la montaña son los animales, los ladrones y la obstaculización gubernamental. Hace poco, hubo terroristas que utilizaron el monte como base de operaciones para ataques en Turquía, Siria, e Iraq, de manera que no se programaron nuevos intentos de localización. Incluso dejando de lado los intentos de escalar la montaña, las fotografías aéreas y las imágenes satelitales no han aportado nada definitivo. Al contar con relatos de numerosos testigos oculares que dicen haber visto algo en la montaña, existe la esperanza de que algún día los investigadores podrán aventurarse una vez más a escalar la montaña y verificar si realmente se trata del arca de Noé.[102] Si una expedición llega a aportar pruebas de que el arca aún existe, congelada en el hielo y la nieve, será un fragmento más de evidencia que muestre la veracidad de la Biblia. Pero si nunca se encuentra el arca, no alterará la veracidad del relato bíblico. Significa simplemente que el arca desapareció después de tantos años. Lo que <u>sí</u> existe son los relatos históricos de más de 270 culturas acerca de un diluvio universal, además de las evidencias geológicas de un diluvio que abarcó todo el planeta, los que aportan argumentos poderosos en cuanto a la confianza que uno puede tener en la Biblia como mapa de una cosmovisión.

Hay quienes afirman que el arca de Noé se encuentra sobre el monte Ararat en Turquía y que puede ser visto con condiciones meteorológicas favorables.

Pero aquí surge una pregunta vinculada tanto al arca de Noé como a la Biblia: ¿Qué hay respecto a los dinosaurios? ¿Cuándo los creó Dios? ¿Hubo dinosaurios en el arca? ¿Qué pasó con ellos? La gente siente curiosidad respecto a los dinosaurios. ¿Acaso la cosmovisión cristiana y la Biblia se interesan por el tema? Averigüémoslo en el próximo capítulo.

Capítulo 9

¿Qué sabemos respecto a los dinosaurios?

Origen y tamaño

Los dinosaurios son motivo tanto de interés como de confusión. Le guste o no *Jurassic Park* (Parque jurásico), entérese de cómo los dinosaurios encajan dentro de una cosmovisión bíblica. Comencemos con algunos antecedentes acerca de la palabra "dinosaurio". Sir Richard Owen, el más destacado zoólogo de Gran Bretaña allá por la mitad del siglo diecinueve, fue el primero en utilizar el término en 1841. Dinosaurio significa "lagarto terrible". En los libros anteriores a 1841 no encontrará usted la palabra dinosaurio, ¡ya que aún no había sido acuñada! Hasta entonces, el término "dragón" era el que se empleaba para describir a estas criaturas.[103]

Los dinosaurios fueron creados el día sexto, pero el término no se acuñó sino hasta 1841.

¿De dónde vinieron los dinosaurios? Siendo que Dios creó todos los animales terrestres y a Adán y Eva el día sexto (Génesis 1:24), estas criaturas fueron también parte de la creación. Al leer las genealogías de Génesis 5, vemos que las personas alcanzaron edades de cientos de años en el mundo antediluviano, en parte debido a un ambiente mejor. Por ejemplo, Alaska tuvo en su momento abundante flora tropical, como manglares, palmeras, árboles de laca de Birmania, y grupos de árboles que producen nuez moscada y aceite de Macasar.[104] Antiguamente la Antártida fue calurosa y húmeda, con gran vegetación, según lo demuestran los numerosos descubrimientos de carbón y leños petrificados.[105] Siendo que los reptiles crecen mientras viven, es posible que los dinosaurios más grandes fueran lagartos muy viejos, que también alcanzaron a vivir cientos de años. Sin embargo, estamos acostumbrados a pensar que <u>todos</u> los dinosaurios fueron gigantescos; pero no es así. Basándonos en restos fosilizados, vemos que el dinosaurio promedio era del tamaño de una oveja.[106] Los dinosaurios pudieron caber fácilmente en el arca de Noé, contando con los más jóvenes por ser menos complicado atenderlos, y aptos para repoblar la tierra después del diluvio.

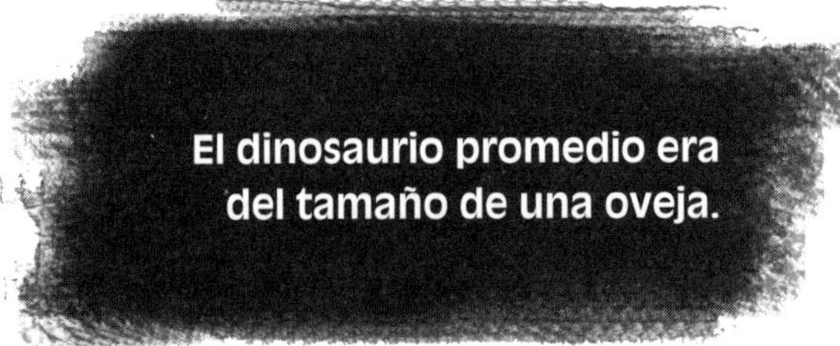

¿Extinción?

Después del diluvio el mundo cambió de modo dramático. La era glacial trajo como consecuencia una actividad propia de la era que cubrió aproximadamente el 30 por ciento de la tierra (hoy día el hielo cubre sólo cerca de un 10 por ciento de la tierra). Después del diluvio, llevó aproximadamente 500 años para cubrir la tierra con hielo, y otros 200 años para volver a derretirse el hielo hasta llegar a las condiciones que vemos hoy. Una de las causas probables de la era del hielo fue el diluvio con sus consiguientes trastornos sísmicos y actividad volcánica. Polvo y partículas volcánicas deben haberse mantenido en la atmósfera durante años después del diluvio. Lo prueban las muestras de núcleos de hielo. Con las partículas volcánicas y polvo suspendidos en el aire, la luz del sol se reflejó de vuelta hacia el espacio, lo que ocasionó las temperaturas frías en toda la tierra. El agua cálida se evaporó y cayó como nieve sobre los polos, lo que causó la era glacial[107] La evidencia de fósiles demuestra que hubo un tiempo en que gran parte de la tierra tuvo un clima tropical. Después del diluvio los grandes cambios climáticos redundaron en una era glacial que alteró para siempre el medio ambiente y la duración de la vida.[108]

La reducción de la duración de la vida del género humano es evidente en base a la genealogía de Génesis 11. ¿Pero de qué modo afectó a los dinosaurios? Siendo que los lagartos crecen mientras viven, una reducción en la duración de la vida también reduciría su tamaño. Pero el cambio más grande se daría en el gran número de dinosaurios. Un medio ambiente alterado, combinado con una escasez de alimentos, enfermedades, más la actividad humana, puede haber sido la causa de que los dinosaurios, cuyos antepasados sobrevivieron en el arca, llegaran a quedar extinguidos. Las mismas causas son las responsables por la extinción de animales hoy día, de modo que la pregunta ¿qué sucedió con los dinosaurios? no debe ser un gran misterio para resolver.[109] El diluvio, ocurrido hace unos 4.500 años, mató a la mayoría de estas criaturas; sus restos contorsionados enterrados en enormes cementerios de fósiles, son testimonio del diluvio.

De los huesos de un *Tyrannosaurus rex* se obtuvieron glóbulos rojos y hemoglobina, aunque si estas muestras tuviesen millones de años de antigüedad según afirman los evolucionistas, deberían haberse corrompido hace mucho tiempo. Sin embargo, la criatura no tiene millones de años de antigüedad; lo atestiguan la existencia de los glóbulos rojos y la hemoglobina. Pero la suposición de que el dinosaurio vivió hace millones de años es el verdadero problema. De acuerdo con lo que aprendimos antes, el punto de partida de todas las cosmovisiones son las presuposiciones; es más, todos los hechos también se interpretan a partir de presuposiciones. Un científico que examinó un hueso de un *T. rex* encontró glóbulos rojos asombrosamente parecidos a los de un hueso moderno.[110] El problema no es el hecho de la presencia de los glóbulos rojos en el hueso del dinosaurio. La clave está en cómo uno interpreta el hecho. ¿No es acaso debido a que el animal vivió no hace mucho, sólo unos miles de años, sepultado bajo un diluvio de enormes proporciones, que los glóbulos rojos pudieran ser hallados? ¿Acaso no tiene más sentido que un hueso de 65 millones de años de antigüedad con glóbulos rojos que deberían haberse corrompido?

Un medio ambiente alterado, la hambruna, las enfermedades, y el género humano, fueron la causa de la extinción de algunos dinosaurios.

Referencias históricas

Pese a que la mayoría de los dinosaurios se perdieron con el diluvio, estos animales impresionantes no quedaron extinguidos. Algunos de ellos sobrevivieron a la experiencia del arca, y eventualmente llegaron a ser el fundamento de las leyendas acerca de los dragones. En el relato sumerio referido a Gilgamesh, que data de alrededor del año 2000 aC, el héroe mató a un dragón con el que se topó en un bosque. Cuando Alejandro Magno llegó a la India allá por el año 330 aC, vio enormes reptiles encerrados en jaulas. La cultura china es famosa por sus historias de dragones, al mismo tiempo que les dan un lugar destacado en sus obras de arte. En Inglaterra, San Jorge mató a un dragón que vivía en una cueva, allá por el año 1300. Un campesino italiano llamado Bautista dio muerte a un dragón cerca de Bolonia, Italia, el 13 de mayo de 1572, la descripción del cual encaja con la de un pequeño dinosaurio conocido como *tanystropheus.*[111] En lugares del sudoeste de América se hallaron figuras de mamuts y de reptiles alados talladas en piedra, y las piedras de Ica, del Perú, delinean las figuras del *T.rex* y *triceratop.*[112]

Incluso hoy día se han avistado grandes lagartos en junglas remotas. Los nativos, al igual que los exploradores, han visto mokèlé-mbèmbé en el Congo, en África.[113]

En diciembre de 1999, el diario *The Independent* de Nueva Guinea informó que dos veces se vio un reptil semejante a un dinosaurio en la región del lago Murray. A la criatura se la describió como que tenía un cuerpo del "tamaño de un camión volquete", de aproximadamente dos metros de ancho, de cuello largo y cola delgada. Andaba sobre sus dos patas traseras que eran gruesas como "troncos de palmera", y tenía dos patas delanteras más pequeñas. La cabeza tenía la forma de la de una vaca con ojos grandes y "dientes filosos, largos como dedos". La piel era como de cocodrilo con escamas triangulares en el lomo.[114] ¡Baste esto para el concepto de que los dinosaurios quedaron extinguidos hace 65 millones de años! Los humanos y los dinosaurios vivieron juntos desde el sexto día de la creación. ¡Una vez más la evidencia se ajusta al mapa de la cosmovisión bíblica a fin de que podamos encontrarle sentido a la realidad!

En la historia se encuentran numerosas referencias a dragones, en tanto que el avistamiento de dinosaurios aún ocurre.

Referencias de la Biblia

Hablando de la Biblia, encontramos en ella referencias a criaturas extrañas que responden a la descripción de los dinosaurios. El día quinto "creó Dios los grandes animales marinos, y todos los seres vivientes que se mueven y pululan en las aguas y todas las aves, según su especie" (Génesis 1:21). La palabra hebrea *tannin* quiere decir "grandes criaturas", un gran país o un monstruo marino. Probablemente Dios describe a los dinosaurios marinos que creó.[15] Hay muchas otras referencias bíblicas con la palabra *tannin*: Salmo 74:13; 91:13; 148:7; Isaías 27:1; 51:9; y Jeremías 51:34. Pero las referencias bíblicas de mayor interés se encuentran en el libro de Job.

A fin de mostrarle a Job su grandeza, Dios le pide que considere dos grandes criaturas. La primera, Behemot, significa "una bestia enorme", según está escrito en Job 40:15-24:

> **Mira a Behemot, criatura mía igual que tú, que se alimenta de hierba, como los bueyes. ¡Cuánta fuerza hay en sus lomos! ¡Su poder está en los músculos de su vientre! Su rabo se mece como un cedro; los tendones de sus muslos se entrelazan. Sus huesos son como barras de bronce; sus piernas parecen barrotes de hierro.**
>
> **Entre mis obras ocupa el primer lugar, sólo yo, su Hacedor, puedo acercármele con la espada. Los montes le brindan sus frutos; allí juguetean todos los animales salvajes. Debajo de los lotos se tiende a descansar; se oculta entre los juncos del pantano. Los lotos le brindan su sombra; los álamos junto al río lo envuelven. Vacía un río entero sin apresurarse; con toda calma se traga el Jordán. ¿Quién ante sus ojos se atreve a capturarlo? ¿Quién puede atraparlo y perforarle la nariz?**

Los eruditos hebreos no sabían con certeza qué clase de criatura era, por tanto transliteraron la palabra hebrea Behemot al castellano. En algunas Biblias dice la nota al pie: "posiblemente el hipopótamo o elefante". Pero estos animales no se ajustan a la descripción con exactitud. Ninguno de ellos tiene la cola como un cedro, ni son los animales más grandes que existen. La idea de capturar a Behemot parece una imposibilidad, pero el hombre puede atrapar elefantes e hipopótamos. Una descripción más exacta de la criatura sería la de un dinosaurio, probablemente un *brachiosaurus.*[116] En Job 41:1-34 se describe a Leviatán, que significa un "gran animal acuático". Dice allí: "¿Puedes pescar a Leviatán con un anzuelo, o atarle la lengua con una cuerda? ¿Puedes ponerle un cordel en la nariz, o perforarle la quijada con un gancho?" (Job 41:1-2). Más adelante, en Job 41:31-34, leemos:

> **Hace hervir las profundidades como un caldero; agita los mares como un frasco de ungüento. Una estela brillante va dejando tras de sí, cual si fuera la blanca cabellera del abismo. Es un monstruo que a nada teme; nada hay en el mundo que se le parezca. Mira con desdén a todos los poderosos; ¡él es rey de todos los soberbios!**

Al igual que con Behemot, Dios saca a colación a Leviatán para mostrarle su gloria a Job. Y una vez más, los eruditos hebreos transliteraron la palabra, de tal modo que el pie de página dice "probablemente el cocodrilo". Sin embargo, el cocodrilo no se ajusta suficientemente a la descripción. Se lo puede pescar con un anzuelo o atarlo con una cuerda. Cuando los cocodrilos nadan en el agua, no la agitan como una olla hirviendo. Y uno nunca afirmaría que no hay igual al cocodrilo sobre la tierra, a no ser que fuese un animal enorme semejante al cocodrilo, como el "Super Croc" *Sarcosuchus imperator*, de 12 metros, o un gran dinosaurio marino como el plesiosauro.[117] Tanto con *Behemot* como con Leviatán, Dios muestra la grandeza impresionante de su poder creador. Si bien los elefantes, hipopótamos y cocodrilos impresionan, ¡los dinosaurios son aún más impresionantes!

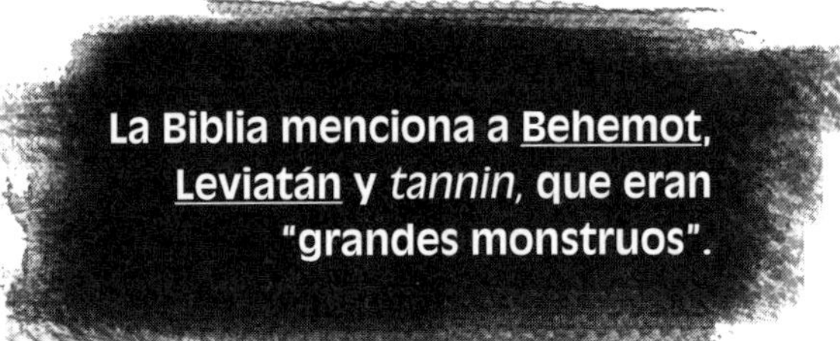

No debemos dejarnos confundir por estas criaturas, ni pensar que sólo son parte de una cosmovisión evolutiva. No existe –aunque la cosmovisión humanista secular afirma que sí existe–, una brecha de 65 millones de años entre los dinosaurios y el género humano. Por el contrario, los dinosaurios encajan perfectamente dentro de la creación de Dios junto con el género humano en el día sexto. Queda testimoniado no sólo en las páginas de las Escrituras, sino también en el registro de los fósiles, el registro histórico, y en los avistamientos de hoy día. El mapa de cosmovisión bíblico tiene sentido acerca de la realidad que nos circunda. Por lo demás, en lo que sigue, veremos que el mensaje cristiano sigue ajustándose a los hechos al tratar el asunto más importante de todos: ¿Fue Jesús de Nazaret una persona real, y fue verdaderamente el Hijo de Dios?

Capítulo 10

¿Existió Jesús realmente?

Descubrimientos de orden general en la arqueología

Al continuar con la lectura del libro, usted probablemente notará que existe un buen bocado de evidencia para respaldar la afirmación de que la Biblia es verdadera, que pasa con éxito la prueba de la evidencia externa. El renombrado arqueólogo Nelson Glueck comenta que ningún descubrimiento arqueológico jamás ha refutado las Escrituras; más bien con cada nuevo descubrimiento confirmamos además todos los pormenores de las Escrituras.[118] La declaración procede de un erudito judío reformado, no de un cristiano, y aun así admite que la arqueología respalda las Escrituras tanto del Antiguo como del Nuevo Testamentos. Esto era aparte de la prueba número uno, según vimos en uno de los capítulos anteriores, el de las cosmovisiones. ¿Existen hechos que respalden esta afirmación? Lo mismo tiene validez cuando se trata de la persona de Jesucristo. Ciertamente existe evidencia fuera de la Biblia acerca de su existencia humana como también de su divinidad. Pero antes de que investiguemos estos aspectos de nuestro mapa de cosmovisión, destaquemos otros descubrimientos arqueológicos notables que confirman que la Biblia es de fiar.

Hemos dedicado un tiempo considerable a la evidencia del diluvio, y mencionamos los relatos acerca de la torre de Babel. Otro acontecimiento conocido es el de Josué y la batalla de Jericó. La destrucción de la ciudad y sus muros está relatada en Josué 6:20:

> **Entonces los sacerdotes tocaron las trompetas, y la gente gritó a voz en cuello, ante lo cual las murallas de Jericó se derrumbaron. El pueblo avanzó, sin ceder ni un centímetro, y tomó la ciudad.**

Cuando el arqueólogo John Garstang excavó el sitio donde se encontraba Jericó, entre los años 1930-1936, descubrió, para su asombro, que los muros habían caído hacia fuera, de manera que los atacantes pudieron avanzar sobre éstos y entrar en la ciudad. Lo normal es que los atacantes tiren abajo los muros de una ciudad hacia dentro, después de haberla sitiado.[119] Alejandro Magno y el rey Salomón son considerados las dos figuras históricas más notables de la antigüedad. Con otras palabras, si usted procura documentación acerca de los individuos más notables de la antigüedad, Alejandro Magno estará en primer lugar, y el rey Salomón en el segundo. Gente de todas partes del mundo conocido tuvieron conocimiento de la existencia de ambos ilustres líderes y celebraron sus hazañas en la literatura popular.[120] Por consiguiente, en 1 Reyes 4:34 leemos: "Los reyes de todas las naciones del mundo que se enteraron de la sabiduría de Salomón enviaron a sus representantes para que lo escucharan."

Después de treinta años de investigación, William Ramsey llegó a la conclusión de que los libros escritos por Lucas (su evangelio con este nombre y el libro de los Hechos) son relatos históricos de gran precisión. Ramsey llama a Lucas un historiador de primera línea, entre los mejores del mundo.[121] Lo que dice tiene sentido porque Lucas explica, en Lucas 1:3-4, que llevó a cabo una minuciosa tarea de investigación antes de escribir su evangelio: "Por lo tanto, yo también, excelentísimo Teófilo, habiendo investigado todo esto con esmero desde su origen, he decidido escribírtelo ordenadamente, para que llegues a tener plena seguridad de lo que te enseñaron." Siendo que Lucas se había "esmerado" en verificar toda la información acerca de la vida de Cristo, redactó después su relato para alguien llamado Teófilo, a fin de que tuviera plena confianza en creerlo y aceptarlo como la verdad.

Lo precedente son tan sólo muestras de los descubrimientos hechos durante los dos siglos anteriores al nuestro. Pero ahora fijemos nuestra atención en Jesús de Nazaret.

Los hallazgos arqueológicos muestran que el relato bíblico queda confirmado y es digno de confianza.

Referencias históricas acerca de Jesús

¿Existió Jesús después de todo? La respuesta es: ¡Sí! Fuera de las páginas de la Biblia hay escritos en que se conserva evidencia de la vida de Jesús.

Por lo general, la gente relaciona a Jesús con acciones de bondad y milagros, haciéndose de él una idea de que era muy popular. Pero la Biblia también dice que fue un hombre buscado por la justicia. Juan 11:57 dice: "Por su parte, los jefes de los sacerdotes y los fariseos habían dado la orden de que si alguien llegaba a saber dónde estaba Jesús, debía denunciarlo para que lo arrestaran."

Aparte de la Biblia, hay evidencia de este enjuiciamiento en el Talmud acerca de *Yeshu Hannotzri,* o sea, Jesús de Nazaret. Dice:

> **Debe apedreársele porque practicó la brujería e incitó a Israel a la apostasía. Quienquiera que pueda decir algo en su favor, que se acerque y declare. Quien sepa dónde está, que lo declare al Gran Sanedrín de Jerusalén.**[122]

Las autoridades judías habían librado una orden de arresto en contra de Jesús por practicar la "brujería" e "incitar a Israel a la apostasía", es decir, por incitar a la gente a apartarse de Dios. Nótese que a Jesús lo acusaron de hechicería, de modo que sus opositores <u>admitieron</u> que tenía poderes sobrenaturales. Sin embargo, ellos lo atribuían simplemente a Satanás. Encaja perfectamente con relatos como el de Mateo 12:22-24:

> **Un día le llevaron un endemoniado que estaba ciego y mudo, y Jesús lo sanó, de modo que pudo ver y hablar. Toda la gente se quedó asombrada y decía: "¿No será éste el Hijo de David?" Pero al oírlo los fariseos, dijeron: "Éste**

> no expulsa a los demonios sino por medio de **Beelzebú, príncipe de los demonios."**

De manera que tenemos un registro biblico e histórico acerca de Jesús que hizo cosas sobrenaturales, y que consecuentemente era buscado por las autoridades judías.

En el Talmud se encuentra un enjuiciamiento en contra de *Yeshu Hannotzri*, o sea, "Jesús de Nazaret".

Josefo, historiador judío del siglo I, si bien no era cristiano escribió lo siguiente:

> Por este tiempo hubo un hombre sabio llamado Jesús, de buena conducta, y con fama de ser virtuoso. Muchos de entre los judíos y de otras naciones se hicieron sus discípulos. Pilato lo condenó a ser crucificado y morir. Pero los que fueron sus discípulos no dejaron de serlo. *Dijeron que se les había aparecido tres días después de su crucifixión, y que estaba vivo. Consecuentemente, quizá haya sido el Mesías, del cual los profetas contaron maravillas.* Y la tribu de los cristianos, así llamados por ser sus seguidores, no ha desaparecido al día de hoy.[123]

La mayoría de los investigadores cree que lo que en el párrafo precedente está subrayado fue insertado posteriormente por los cristianos. Sin embargo, hay otros, como el profesor de historia emérito Dr. Paul Maier, de la Western Michigan University, que sostienen que son palabras del original.[124] Lo que está perfectamente claro es el hecho de que el historiador Josefo, aunque no fue creyente, registra que Jesús vivió, que era sabio, bueno y popular, lo cual concuerda con la Biblia. Consideremos, como ejemplo, el siguiente pasaje de Lucas 6:17-18:

> **Luego bajó con ellos y se detuvo en un llano. Había allí una gran multitud de sus discípulos y mucha gente de toda Judea, de Jerusalén y de la costa de Tiro y Sidón, que habían llegado para oírlo y para que los sanara de sus enfermedades. Los que eran atormentados por espíritus malignos quedaban liberados.**

Después de que Jesús fue condenado por Poncio Pilato a morir crucificado, sus seguidores continuaron siéndole fieles.

Josefo dice que Jesús era sabio, popular, y que fue condenado a muerte por Pilato; sin embargo sus discípulos se mantuvieron fieles a él.

Uno de los seguidores fieles fue Jacobo, medio hermano de Jesús. Los hijos de José y María se nombran en Mateo 13:55-56. (Éstos son medio hermanos de Jesús, ya que María fue su madre, pero él fue concebido por el Espíritu Santo): "¿No es acaso el hijo del carpintero? ¿No se llama su madre María; y no son sus hermanos Jacobo, José, Simón y Judas? ¿No están con nosotros todas sus hermanas? ¿Así que de dónde sacó todas estas cosas?" Josefo ofrece un testimonio acerca de la existencia tanto de Jesús como de Jacobo en el pasaje que sigue:

> **Reunidos los jueces del Sanedrín, él (el sumo sacerdote Ananus, hijo del sumo sacerdote anterior Anás) trajo ante ellos al hermano de Jesús llamado el Cristo, el nombre del cual era Jacobo, y a otros más. Los acusó de haber transgredido la ley, y los entregó para ser apedreados.**[125]

De modo que Josefo, el gran historiador judío, ofrece dos referencias acerca de Jesús en sus escritos, aunque él mismo no fue creyente. Simplemente dio a conocer los hechos. Otro hecho acerca de la vida de Cristo al que se hace referencia en documentos antiguos, es algo que ocurrió en el momento de su muerte. La Biblia relata que en el momento de la crucifixión de Jesús, hubo una oscuridad que cubrió toda la tierra desde el mediodía hasta las tres horas de la tarde: "Desde el mediodía y hasta la media tarde toda la tierra quedó sumida en la oscuridad, pues el sol se ocultó" (Lucas 23:44-45a). Thallus, un historiador del siglo I, escribió acerca del acontecimiento, pero existen solamente algunos fragmentos de sus escritos en las citas de otros escritores. Julius Africanus, allá por el 221 dC, es uno que anotó lo siguiente:

> **Thallus, en el tercer libro de sus historias, pretende justificar esta oscuridad como un eclipse de sol, que a mí me parece algo irracional (irracional, por supuesto, porque un eclipse solar no pudo haber tenido lugar durante la luna llena, y fue durante la luna llena de la Pascua que Cristo murió).[126]**

Aunque el hecho de la crucifixión y la oscuridad no se cuestionaban, Thallus trató de encontrar otra explicación para la oscuridad, una natural, no sobrenatural.[127] Asimismo Julius Africanus también cita a Flegón, otro historiador autorizado, quien desestimó la oscuridad de la crucifixión como un eclipse: "Flegón cuenta que, en el tiempo de Tiberio César, durante la luna llena, hubo un eclipse total de sol desde la hora sexta hasta la novena, manifiestamente aquél del que hablamos."[128]

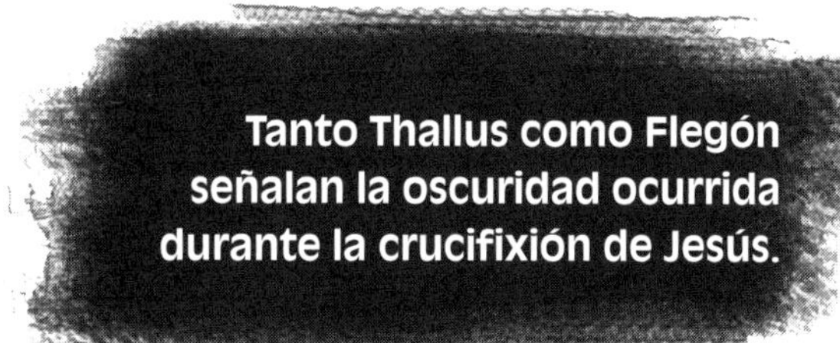

Tácito, historiador romano del siglo I, también documentó la crucifixión de Jesús:

> **Cristo, el fundador del nombre (cristianos), fue condenado a muerte por Poncio Pilato, procurador de Judea durante el reinado de Tiberio; pero la perniciosa superstición, reprimida por un tiempo, estalló nuevamente, y no sólo en Judea, donde la calamidad tuvo su origen, sino también en la ciudad de Roma.[129]**

Es exactamente lo que relata la Biblia: "Como quería satisfacer a la multitud, Pilato les soltó a Barrabás; a Jesús lo mandó azotar, y lo entregó para que lo crucificaran" (Marcos 15:5).

Tácito dice que Pilato condenó a muerte a Jesús durante el reinado de Tiberio; la fe se extendió a Roma.

En tanto que Tácito calificó al cristianismo de "superstición perniciosa (o destructiva)" y una "calamidad", el escritor satírico Luciano, un griego del siglo II, encasilló a los cristianos como "criaturas mal aconsejadas" por adorar al Cristo crucificado como el Hijo de Dios, y por vivir piadosamente.

> Los cristianos, tú sabes, adoran hoy día a un hombre, el distinguido personaje que introdujo sus novedosos ritos y que por causa de ello fue crucificado...Ya ves, estas criaturas mal aconsejadas parten de la convicción general de que son inmortales desde siempre, lo que explica el desprecio por la muerte y la voluntaria prontitud por hacer la santa voluntad de Dios, tan común entre ellos; y después su legislador de origen les inculcó que todos ellos son hermanos desde el momento en que se convierten, y niegan los dioses de Grecia, y adoran al sabio crucificado, y viven según sus leyes. Todo lo hacen con mucha fe, con el resultado de que desprecian por igual todas las cosas de este mundo, considerándolas simplemente como propiedad común.[130]

Estas "criaturas mal aconsejadas" adoraron a Jesús justamente así como lo hizo el ciego de nacimiento, según leemos en Juan 9:35-38:

> **Jesús se enteró de que habían expulsado a aquel hombre, y al encontrarlo le preguntó: –¿Crees en el Hijo del hombre? –¿Quién es, Señor? Dímelo, para que crea en**

él. –Pues ya lo has visto– le contestó Jesús-, es el que está hablando contigo. –Creo, Señor– declaró el hombre. Y, postrándose, lo adoró.

Después de que Jesús le dio la vista, el hombre vio que Jesús era el Hijo de Dios. Los que creyeron más tarde, percibieron lo mismo, y también lo adoraron.

Luciano llamó a los cristianos "criaturas mal aconsejadas" por adorar al Cristo crucificado.

Por lo demás, estas "criaturas mal aconsejadas" fueron perseguidas no sólo con epítetos, sino también con medios que afectan el cuerpo. Suetonio, historiador romano del siglo I, mencionó la expulsión de los judíos de Roma en *Life of Claudius* (vida de Claudio) 25.4: "Debido a que los judíos provocaban disturbios constantemente por instigación de *Christus*, los expulsó de Roma." Lucas relata el mismo hecho en Hechos 18:2: "...porque Claudio había mandado que todos los judíos fueran expulsados de Roma." Después de que un incendio arrasó con parte de Roma en el año 64 dC, Suetonio señaló que "Nerón infligió un castigo a los cristianos, una clase de personas entregadas a una superstición nueva y perjudicial".[131] ¿Cuál fue el castigo? Tácito nos da a conocer los horripilantes detalles: "Toda clase de burlas acompañaban sus muertes. Cubiertos con pieles de animales, los perros los destrozaban y así perecían, o los clavaban en cruces, o eran condenados a las llamas. Así servían para iluminar la noche al extinguirse la luz del día."[132] Además de crucificarlos como a su Señor, los creyentes eran envueltos en pieles de animales y arrojados a los perros, o eran atados a estacas y utilizados como antorchas para las festividades nocturnas del emperador Nerón.

Suetonio dijo que Nerón persiguió a los cristianos; Tácito dio detalles de los tormentos.

La persecución de los cristianos continuó por todos lados. En Asia Menor (Turquía de hoy día) Plinio el Menor escribió en el siglo II al emperador Trajano, pidiendo consejo. Siendo que tantos cristianos habían sido ejecutados, ya fueran jóvenes o ancianos, hombres o mujeres, Plinio se preguntaba si no debía ejecutar solamente a algunos de ellos. Al explicar su proceder, Plinio escribió que había descubierto que algunos habían sido acusados falsamente de ser cristianos. Tras ser interrogados, de plano "maldecían a Cristo, algo a lo que a ninguno de los que realmente son cristianos –dicen–, se lo puede forzar".[133] Sea como fuere, a los verdaderos cristianos sencillamente se los declaraba "culpables" de lo siguiente:

> **Ellos afirmaban, sin embargo, que la suma y sustancia de su error había sido que estaban acostumbrados a reunirse un día fijado antes del amanecer y cantar, a modo de responsorio, un himno dedicado a Cristo como a un dios, y a comprometerse por juramento, no para cometer algún crimen, sino para no cometer fraude, robo, o adulterio, ni para falsear su confianza, ni para denegar la restitución de un fideicomiso al pedírseles que lo hicieran.**[134]

¿De qué eran culpables los cristianos? De comprometerse a no mentir, hurtar, o cometer adulterio, y de adorar a Jesús como el Hijo de Dios, temprano por la mañana mediante cantos. Cuando Jesús fue juzgado, admitió ser el Hijo de Dios: "Pero Jesús se quedó callado y no contestó nada. –¿Eres el Cristo, el Hijo del Bendito? –le preguntó de nuevo el sumo sacerdote. –Sí, yo soy –dijo Jesús–. Y ustedes verán al Hijo del hombre sentado a la derecha del Todopoderoso, y viniendo en las nubes del cielo" (Marcos 14:61-62).

Por esto los primeros cristianos pudieron aclamar a Jesús como el Hijo de Dios; ¡Él dio su testimonio bajo juramento! En otra ocasión fue el apóstol Tomás quien también adoró a Jesús: "–¡Señor mío y Dios mío! –exclamó Tomás. –Porque me has visto, has creído– le dijo Jesús–; dichosos los que no han visto y sin embargo creen" (Juan 20:28-29).

Plinio dice que los cristianos cantaban himnos aclamando a Cristo como Dios temprano por la mañana, y se comprometían a hacer el bien.

Obviamente, no todas las personas del siglo I y II creyeron que Jesús era el Hijo de Dios, y que había resucitado. Pero sabían de su vida y sus enseñanzas y aludían a esto. Un último ejemplo es Mara Bar-Serapion, un filósofo sirio del siglo I, quien escribió una carta a su hijo animándolo a procurar sabiduría. Entre otros sabios, figuras notables de la historia como Sócrates y Pitágoras, Mara Bar-Serapion cita a Jesús como un ejemplo. "Pero Sócrates no murió para siempre; se perpetuó en las enseñanzas de Platón. Pitágoras no murió para siempre; se perpetuó en la estatua de Hera. Ni tampoco el rey sabio murió para siempre; se perpetuó en las enseñanzas que impartió."[135] Las enseñanzas de Jesús de hecho se perpetuaron en la gran comisión encomendada a sus apóstoles después de su resurrección, según leemos en Mateo 28:18-20:

> **Jesús se acercó entonces a ellos y les dijo: –Se me ha dado toda autoridad en el cielo y en la tierra. Por tanto, vayan y hagan discípulos de todas las naciones, bautizándolos en el nombre del Padre y del Hijo y del Espíritu Santo, enseñándoles a obedecer todo lo que les he mandado a ustedes. Y les aseguro que estaré con ustedes siempre, hasta el fin del mundo.**

Mara Bar-Serapion dice que Jesús, rey sabio, continuó viviendo en sus enseñanzas.

Edwin Yamauchi, profesor de historia de la universidad de Miami (EE. UU.), resume estas fuentes no cristianas de los siglos I y II, consignando que Jesús fue un maestro de Nazaret que vivió una vida de sabiduría y virtud. Tuvo enemigos que admitieron que llevó a cabo proezas inusuales que catalogaron como "brujería". Fue crucificado en Palestina durante el gobierno de Poncio Pilato mientras reinaba Tiberio César, en el tiempo de la Pascua, y se lo consideraba el rey de los judíos. Sus discípulos creyeron que resucitó tres días después. Contó con un pequeño grupo de discípulos que rápidamente se multiplicaron, extendiéndose lejos, hasta Roma. Los discípulos negaron el politeísmo, vivieron vidas de moral intachable, adoraron a Jesús como Dios.[136] Existen registros bíblicos e históricos coherentes de los mismos hechos básicos acerca de Jesús que no pueden negarse.

Jesús existió; hay registros bíblicos e históricos de los mismos hechos básicos acerca de él.

Por favor, recuerde estos hechos cuando la gente afirme que los cristianos creen en un cuento de hadas o un mito. El cristianismo no es un mito; hay evidencia que confirma nuestra fe. O puede usted ilustrar su punto de vista de este modo: se dice que George Washington fue el primer presidente de los Estados Unidos. ¿Cómo lo sabe? Por documentos históricos y relatos y evidencias que quedaron del hecho. Aunque nadie de los que hoy viven estuvo allí para ver a George Washington, creemos sin embargo que su presidencia fue un hecho verdadero y real. Lo mismo se aplica a Jesús. Nuestra religión coincide con la realidad, con lo que es real. Hay evidencia de que Jesús caminó sobre la tierra, llevó a cabo hechos sobrenaturales, y murió en una cruz.

Y esto nos lleva a la siguiente pregunta lógica acerca de Jesús: ¿Cómo sabemos que verdaderamente resucitó de los muertos? Si es verdad, entonces la resurrección de Jesús demuestra que él prevaleció sobre el mayor temor que aflige al género humano: la muerte. Toda persona se pregunta qué sucederá cuando morimos; es una de las preguntas básicas de la vida que todas las cosmovisiones tienen que confrontar. ¿Cuál es nuestro destino? ¿Morimos y vamos al cielo, o al infierno? ¿Morimos y dejamos de existir? ¿Morimos y volvemos a manifestarnos en otra vida por medio de la reencarnación? Continuemos con la búsqueda de la verdad buscando una respuesta a preguntas tan relevantes.

Capítulo 11

¿Qué de la muerte y resurrección de Jesús y sus secuelas?

La tumba vacía de Jesús, única y conocida

Entre la evidencia que encontramos fuera de la Biblia para Jesús de Nazaret histórico, hubo referencias respecto a su divinidad, de que sus seguidores consideraron que era Dios. ¿Por qué creyeron que Jesús era Dios? En el capítulo anterior vimos que Jesús impartió enseñanza para multitudes, tuvo muchos seguidores, sanó toda clase de enfermedades, echó fuera demonios; lo adoraron, y cuando lo juzgaron admitió ser "Cristo, el Hijo del Bendito" (Marcos 14:61). Sin embargo, la resurrección de Jesús es por sí misma un momento decisivo que demuestra quién era y es. Ningún otro personaje de la historia lo hizo. Abraham, el padre del judaísmo, Mahoma, el fundador del islamismo, y Buda, que cuenta con seguidores con el nombre de budistas, ninguno de ellos resucitó.[137]

Únicamente Jesús resucitó; ni Abraham, ni Mahoma, ni Buda resucitaron.

Obviamente, la Biblia relata la resurrección. Los autores de los cuatro evangelios lo afirman como un hecho, lo mismo que Lucas en Hechos 26:22-26. Tome nota que Pablo, al ser juzgado por predicar acerca de la resurrección, planteó la evidencia objetiva de la tumba vacía de Jesús en defensa de su fe:

> **"Pero Dios me ha ayudado hasta hoy, y así me mantengo firme, testificando a grandes y pequeños. No he dicho sino lo que los profetas y Moisés ya dijeron que sucedería: que el Cristo padecería y que, siendo el primero en resucitar, proclamaría la luz a su propio pueblo y a los gentiles."**
>
> **Y mientras declaraba esto en su defensa, ocurrió que Festo, con voz fuerte, lo interrumpió diciendo: "–¡Estás loco, Pablo!... El mucho estudio te ha hecho perder la cabeza." Pero Pablo replicó: "–No estoy loco, excelentísimo Festo... Lo que digo es cierto y sensato. El rey está familiarizado con estas cosas, y por eso hablo ante él con tanto atrevimiento. Estoy convencido de que nada de esto ignora, porque no sucedió en un rincón."**

Pablo afirma que no está loco. Lo que dice es la verdad; dicho de otro modo, concuerda con la realidad y los hechos. Además es razonable, y Pablo apela al conocimiento que el rey tiene acerca de la resurrección de Jesús. Era algo de público conocimiento, y no sólo de una minoría selecta.

Teoría contraria a la resurrección: la teoría del desmayo

Hay quienes afirman que Jesús no resucitó. En realidad, algunos dicen que ni siquiera murió en una cruz. Por ejemplo, el Qur'an, el libro sagrado del islamismo del siglo VII, dice en Sura IV:157, que Jesús en realidad no murió en una cruz. Dice:

"Y debido al decir de ellos: Nosotros matamos al Mesías, a Jesús hijo de María, mensajero de Alá; ellos no lo mataron ni lo crucificaron, sino que así les pareció. Y ¡he aquí!, quienes no concuerdan en lo concerniente a esto, tienen dudas al respecto, no saben nada del asunto, andan a la caza de una conjetura; ciertamente ellos no lo mataron."

Sin embargo, en escritos históricos del siglo I y II, escritos que investigamos de autores de la antigüedad tales como Josefo, Tácito, y Luciano, todos no creyentes sin una agenda religiosa, declaran que Jesús ciertamente murió.

Pero los escépticos continuaron ideando explicaciones acerca de lo que en realidad ocurrió, pese a que vivieron casi dos mil años después. A principios del siglo XIX Karl Venturini propuso la "teoría del desmayo". La teoría dice que en la cruz Jesús se desmayó o perdió el sentido, pero no murió. Revivió en el ambiente fresco de la tumba, logró salir de allí, y se apareció "vivo" a todos, aunque en realidad nunca había estado muerto. Si bien la teoría fue desacreditada por notables investigadores, revive sin embargo en algunas historias y literatura de hoy día.[138]

La teoría del desmayo afirma que Jesús perdió el conocimiento, revivió en la tumba, logró salir de allí y se mostró vivo.

¿A qué echaron mano los investigadores más notables para desacreditar esta teoría? Se puede presentar toda una lista de argumentos, pero considere los hechos: después del castigo físico, la crucifixión, ser traspasado por una lanza, treinta y seis horas en una tumba sin auxilio médico, ¿cómo logró Jesús reponerse lo suficiente como para abrir la tumba, y aparecerse después a sus seguidores dando la impresión de que había vencido a la muerte?[139]

¿Cómo pudo salir Jesús de la tumba y pasar sin ser visto ante la guardia después de la flagelación y la crucifixión?

Otra pregunta es la siguiente: ¿Cómo pudo zafarse Jesús del sudario que lo envolvía? En Juan 19:38-41, leemos:

> **Después de esto, José de Arimatea le pidió a Pilato el cuerpo de Jesús. José era discípulo de Jesús, aunque en secreto por miedo a los judíos. Con el permiso de Pilato, fue y retiró el cuerpo. También Nicodemo, el que antes había visitado a Jesús de noche, llegó con unos treinta y cuatro kilos de una mezcla de mirra y áloe. Ambos tomaron el cuerpo de Jesús y, conforme a la costumbre judía de dar sepultura, lo envolvieron en vendas con las especias aromáticas. En el lugar donde crucificaron a Jesús había un huerto, y en el huerto un sepulcro nuevo en el que todavía no se había sepultado a nadie.**

El profesor Merrill Tenney explica los detalles acerca de la costumbre judía de dar sepultura. Su cuerpo habrá sido lavado, enderezado, y envuelto firmemente en vendas de 30 centímetros de ancho, desde las axilas hasta los tobillos.

> **Entre las vendas o sus pliegues se colocaban especias aromáticas, por lo general de consistencia gomosa. En parte servían para pegar las vendas y lograr así un envoltorio sólido… ¿Cómo pudo liberarse el cuerpo de los lienzos, ya que éstos no se podían resbalar por las curvas del cuerpo por estar firmemente ajustados alrededor de éste?**[140]

Recuerde que cuando Jesús resucitó a su amigo Lázaro, le dijo a los que allí se encontraban que le quitasen las vendas: "El muerto salió, con vendas en las manos y en los pies, y el rostro cubierto con un sudario. –Quítenle las vendas y dejen que se vaya – les dijo Jesús" (Juan 11:44). ¿Cómo pudo haber salido Jesús de sus propias vendas, solo, después de todo el castigo físico que había soportado?

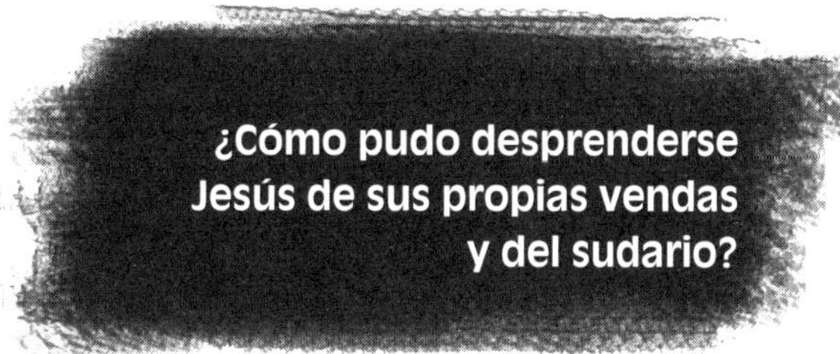

Pero la objeción más contundente en contra de la teoría del desmayo consiste en el hecho de que Jesús fue lanceado en el corazón y estaba muerto verdaderamente. El apóstol Juan, quien fue testigo ocular de la crucifixión, relata este detalle importante, aunque terrible:

> **Pero cuando se acercaron a Jesús y vieron que ya estaba muerto, no le quebraron las piernas, sino que uno de los soldados le abrió el costado con una lanza, y al instante le brotó sangre y agua. El que lo vio ha dado testimonio de ello, y su testimonio es verídico. Él sabe que dice la verdad, para que también ustedes crean. Juan 19:33-35**

El Dr. Alexander Metherell, profesor, escritor, y consultor del National Heart, Lung, and Blood Institute of the National Institutes of Health (Instituto nacional para el corazón, pulmones y sangre de los institutos nacionales de la salud), explica que el proceso físico de la crucifixión es, esencialmente, una muerte lenta por asfixia. La posición adoptada en la cruz forzaba a los condenados a presionar hacia arriba con los pies a fin de poder respirar. El proceso continuaba hasta que quedaban demasiado exhaustos como para poder seguir respirando, o hasta que les quebraban las piernas a fin de acelerar el desenlace que llevaba a la muerte.[141]

¿Pero cuál es la explicación acerca de la sangre y el agua que brotaron del costado de Jesús al ser lanceado? El Dr. Gerard Stanley escribe:

> **La lanza habrá penetrado justo debajo de las costillas inferiores del lado derecho, y ascendido a través del pulmón derecho y el diafragma. La punta habrá atravesado la membrana externa del corazón, ya**

dilatada con fluido del pericardio, y penetrado por el ventrículo derecho, el cual también habrá estado dilatado al máximo a causa de una insuficiencia cardíaca congestiva... al atravesar la lanza el pericardio, un fluido acuoso poco denso se habrá liberado. El paso de la punta dentro del músculo cardíaco, y también dentro de la cámara llena de sangre, habrá redundado en una copiosa efusión de ésta.[142]

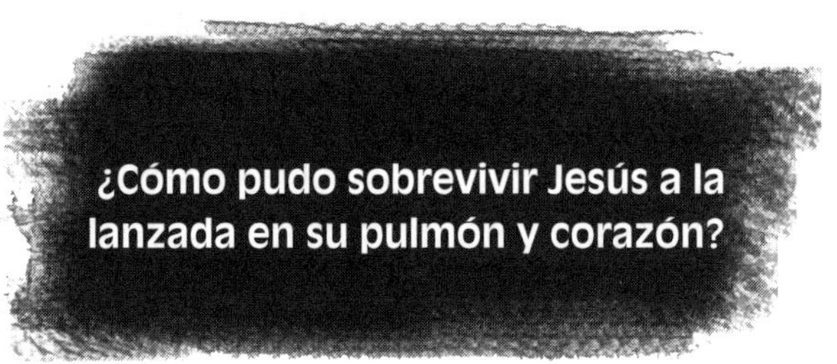

La intención de la lanzada a través del pulmón y el corazón de Jesús fue la de verificar su muerte. Jesús no se desmayó ni perdió el conocimiento en la cruz. Si hubiese perdido el conocimiento, la lanzada lo habría matado instantáneamente. Allá por el 1800, la teoría del desmayo fue por un tiempo la explicación favorita para negar la resurrección. Pero los escritos históricos de no creyentes que relatan la muerte de Jesús, más los conocimientos arqueológicos adquiridos acerca de las costumbres judías de dar sepultura, y la información médica respecto de las víctimas de la crucifixión, hacen que la teoría se interprete como obsoleta.

Teoría contraria a la resurrección: la teoría del hurto

Una segunda teoría para negar la resurrección de Jesús, es la del hurto. De acuerdo a esta teoría, los discípulos de Jesús habrían hurtado su cuerpo, escondido el cadáver, y proclamado ante el mundo que Jesús estaba milagrosamente vivo. En realidad, la teoría es tan antigua como la resurrección; está registrada en la Biblia en Mateo 28:11-15:

Mientras las mujeres iban de camino, algunos de los guardias entraron en la ciudad e informaron a los jefes de los sacerdotes de todo lo que había sucedido. Después de

> reunirse estos jefes con los ancianos y de trazar un plan, les dieron a los soldados una fuerte suma de dinero y les encargaron: 'Digan que los discípulos de Jesús vinieron por la noche y que, mientras ustedes dormían, se robaron el cuerpo. Y si el gobernador llega a enterarse de esto, nosotros responderemos por ustedes y les evitaremos cualquier problema.' Así que los soldados tomaron el dinero e hicieron como se les había instruido. Ésta es la versión de los sucesos que hasta el día de hoy ha circulado entre los judíos.

El problema relacionado con esta teoría es que la guardia se encontraba allí precisamente para evitar que los discípulos se robaran el cuerpo de Jesús. En Mateo 27:62-66 leemos:

> Al día siguiente, después del día de la preparación, los jefes de los sacerdotes y los fariseos se presentaron ante Pilato. –Señor– le dijeron–, nosotros recordamos que mientras ese engañador aún vivía, dijo: 'A los tres días resucitaré.' Por eso, ordene usted que se selle el sepulcro hasta el tercer día, no sea que vengan sus discípulos, se roben el cuerpo y le digan al pueblo que ha resucitado. Ese último engaño sería peor que el primero. –Llévense una guardia de soldados –les ordenó Pilato–, y vayan a asegurar el sepulcro lo mejor que puedan. Así que ellos fueron, cerraron el sepulcro con una piedra, y lo sellaron; y dejaron puesta la guardia.

La guardia había recibido un encargo particular: Evitar que los discípulos se robaran el cuerpo de Jesús. Fallar en el cumplimiento de este único encargo, era inexcusable. Más extraña aún es la lógica empleada para excusarse por no haber cumplido con su deber. Debían decir que los discípulos de Jesús vinieron por la noche, mientras dormían, y se robaron el cuerpo. (Ver Mateo 28:13). Si dormían, ¿cómo pudieron saber quién hurtó el cuerpo?[143]

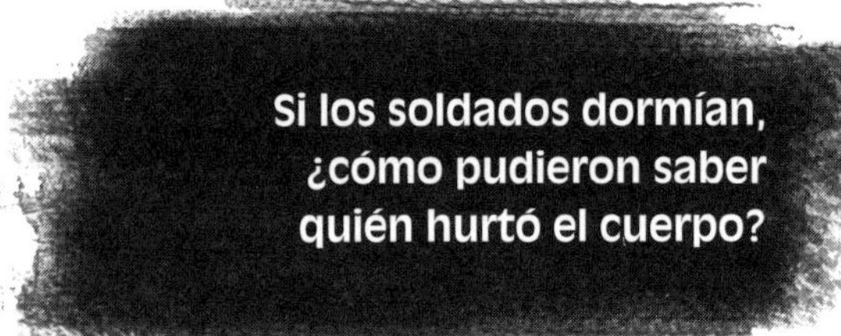

Por lo demás, quedarse dormido estando de guardia significaba la pena de muerte para un soldado romano.[144] Por esto los jefes de los sacerdotes y los ancianos trazaron un plan y sobornaron a los soldados para que dijeran que se quedaron dormidos: "Y si el gobernador llega a enterarse de esto, nosotros responderemos por ustedes y les evitaremos cualquier problema" (Mateo 28:14). Si es que la guardia realmente fue culpable de negligencia en el desempeño de su deber, los soldados deberían haber sido ejecutados; en vez de esto aceptaron dinero de soborno para decir que dormían mientras los discípulos aprovecharon para escamotear el cadáver que ellos cuidaban, lo cual era su única misión.

Si la guardia realmente estuvo dormida en su puesto, debería haber sido ejecutada.

Lo que también señala como increíble la teoría del hurto, es la actitud de los discípulos. Cuando Jesús fue arrestado en el huerto de Getsemaní, el evangelista Marcos dice de los discípulos lo siguiente: "Entonces todos lo abandonaron y huyeron", porque a Judas "lo acompañaba una turba armada con espadas y palos, enviada por los jefes de los sacerdotes, los maestros de la ley y los ancianos" (Marcos 14:43). En el juicio de Jesús, solamente Pedro y Juan estuvieron cerca (Juan 18:15-16). Durante la crucifixión, todos los discípulos, con excepción de Juan, se habían escondido por miedo a ser arrestados y castigados. Contraste estas actitudes con la teoría del hurto: los audaces y atrevidos discípulos hacen frente a enormes dificultades con la finalidad de retirar el cuerpo de su amado maestro de un sepulcro custodiado por una guardia armada. Pero imagínese por un momento que los discípulos realmente pasaron desapercibidos frente a la guardia dormida, quitaron la pesada piedra sin despertar a nadie, e hicieron desaparecer los restos de Jesús. Los discípulos se dieron luego a proclamar mentiras acerca de la resurrección de Jesús y, más tarde, todos ellos, con excepción de Juan, sufrieron el martirio. Pedro fue crucificado cabeza abajo. Bartolomé fue despellejado vivo y crucificado. Si la resurrección fue una mentira, entonces este sufrimiento no tiene sentido; ¿por qué decidirían los discípulos morir por algo que sabían que no era cierto?

Si los discípulos hurtaron el cuerpo, ¿por qué todos menos Juan murieron en aras de una mentira?

En conclusión, caben solamente dos explicaciones para la tumba vacía de Jesús: o fue obra de los hombres, o de Dios. Si fueron hombres quienes sacaron el cuerpo de Jesús de la tumba, no pudieron haber sido sus enemigos; no había motivos por los que sacar su cuerpo y decir que estaba vivo. Los amigos de Jesús no pudieron haberlo hecho por los motivos aducidos anteriormente: ¿por qué morir en aras de una mentira? La explicación más lógica es que el sepulcro vacío de Jesús fue obra de Dios.[145]

Teoría contraria a la resurrección: la teoría de la alucinación

Una tercera teoría para abordar la cuestión de la resurrección de Cristo es la teoría de la alucinación. Ésta propone que los discípulos pensaron que vieron vivo a Jesús; en otras palabras, todo no fue más que una ilusión o producto de su imaginación.

Surgen unos cuantos problemas con esta teoría. Por norma las alucinaciones son algo raro, y son causadas por drogas o carencias del cuerpo. Además, como requisito, la mente debe estar preparada para grandes expectativas, y no para el miedo o la ansiedad. Los apóstoles no presentaban el perfil de ser buenos candidatos para alucinaciones.[146]

Llenos de miedo y ansiedad, los apóstoles no fueron buenos candidatos para alucinaciones.

El problema radica en que las alucinaciones son eventos individuales, que le suceden sólo a una persona en determinado momento. No hay tal cosa como una alucinación colectiva, ni puede una persona inducir su alucinación sobre otros.[147]

Estos principios sicológicos son el mayor obstáculo para la teoría, ya que existen muchos relatos acerca de Jesús que se aparece a numerosas personas que dicen haber visto lo mismo. Aparte de los relatos de las apariciones de Jesús a los discípulos en los evangelios, considere lo registrado en 1 Corintios 15:3-8:

> **Porque ante todo les transmití a ustedes lo que yo mismo recibí: que Cristo murió por nuestros pecados según las Escrituras, que fue sepultado, que resucitó al tercer día según las Escrituras, y que se apareció a Cefas, y luego a los doce. Después se apareció a más de quinientos hermanos a la vez, la mayoría de los cuales vive todavía, aunque algunos han muerto. Luego se apareció a Jacobo, más tarde a todos los apóstoles, y por último, como a uno nacido fuera de tiempo, se me apareció también a mí.**

Pablo no sólo presenta una lista de individuos que vieron a Jesús vivo, tales como él mismo, Jacobo, y Pedro, sino que dice que "los doce", "todos los apóstoles", y "más de quinientos hermanos a la vez" lo vieron. El Dr. Collins señala que las alucinaciones no son algo visto por un grupo de personas.

Las alucinaciones no son algo visto por un grupo de personas.

Aparte del hecho de que mucha gente vio a Jesús vivo después de su resurrección, hubo interacción física con él. En Juan 20:24-28 se nos dice que Tomás tocó las manos y el costado traspasados de Jesús:

> **Tomás, al que apodaban el Gemelo, y que era uno de los doce, no estaba con los discípulos cuando llegó Jesús. Así que los otros discípulos le dijeron: –¡Hemos visto al Señor! –Mientras no vea yo la marca de los clavos en sus manos, y meta mi dedo en las marcas y mi mano en su costado, no lo creeré– repuso Tomás.**
>
> **Una semana más tarde estaban los discípulos de nuevo en la casa, y Tomás estaba con ellos. Aunque las puertas estaban cerradas, Jesús entró y, poniéndose en medio de ellos, los saludó. –¡La paz sea con ustedes! Luego dijo a Tomás: –Pon tu dedo aquí y mira mis manos. Acerca tu mano y métela en mi costado. Y no seas incrédulo, sino hombre de fe. –¡Señor mío y Dios mío! –exclamó Tomás.**

En Lucas 24:36-43 leemos que Jesús prueba su realidad corpórea comiendo en presencia de los apóstoles:

> **Todavía estaban ellos hablando acerca de esto, cuando Jesús mismo se puso en medio de ellos y les dijo: –Paz a ustedes. Aterrorizados, creyeron que veían a un espíritu. –¿Por qué se asustan tanto? –les preguntó–. Miren mis manos y mis pies. ¡Soy yo mismo! Tóquenme y vean; un espíritu no tiene carne ni huesos, como ven que los tengo yo. Dicho esto, les mostró las manos y los pies. Como ellos no acababan de creerlo a causa de la alegría y del asombro, les preguntó: –¿Tienen aquí algo de comer? Le dieron un pedazo de pescado asado, así que lo tomó y se lo comió delante de ellos.**

Pero una evidencia de las más convincentes acerca de la resurrección proviene del testimonio de las mujeres que fueron al sepulcro aquel domingo por la mañana:

Así que las mujeres se alejaron a toda prisa del sepulcro, asustadas pero muy alegres, y corrieron a dar la noticia a los discípulos. En eso Jesús les salió al encuentro y las saludó. Ellas se le acercaron, le abrazaron los pies y lo adoraron. –No tengan miedo–les dijo Jesús. Vayan a decirles a mis hermanos que se dirijan a Galilea, y allí me verán. Mateo 28:8-10

Hubo interacción física con Jesús de muchas maneras; hubo quienes lo tocaron y quienes comieron con él.

Esto es de gran significación por dos razones. Primero, hubo grupos de mujeres que tocaron los pies de Cristo resucitado, con lo que queda demostrado que no fue una alucinación. Segundo, los primeros testigos oculares de la resurrección de Jesús fueron mujeres, no hombres. En la sociedad judía del siglo I, a las mujeres se las tenía en poca estima. El profesor y autor Dr. William Lane Craig dice que los escritos rabínicos dan testimonio de la poca estima por las mujeres, con citas tales como: "Que las palabras de la ley se quemen antes que dárselas a las mujeres", y: "Bendito aquel cuyos hijos son varones, pero ay de aquel cuyos hijos son mujeres." Siendo que las mujeres gozaban de poca reputación en la sociedad, el testimonio de una de ellas era considerado nulo; no se les permitía tampoco aparecer como testigos en un tribunal judío. El Dr. Lane llama la atención respecto a que el hecho de que los evangelistas relatan que los primeros testigos de la resurrección fueron mujeres, es contrario al estándar cultural. Con toda fidelidad relataron lo que ocurrió, a pesar de la reacción cultural potencialmente embarazosa.[148]

Jesús se apareció también a los apóstoles, de lo cual da testimonio Pedro una y otra vez en el libro de los Hechos de los Apóstoles. En Hechos 2:32 leemos que Pedro predicó ante una multitud, y expresó lo siguiente: "A este Jesús, Dios lo resucitó, y de ello todos nosotros somos testigos." En Hechos 3:15, lo reiteró, porque hablándole a otro grupo de personas, dijo: "Mataron al autor de la vida, pero Dios lo levantó de entre los muertos, y de eso nosotros somos testigos." Y en Hechos 10:41, hablando Pedro con un hombre llamado Cornelio, expresó: "...no a todo el pueblo, sino a nosotros, testigos previamente escogidos por Dios, que comimos y bebimos con él después de su resurrección." Si todas éstas fueron experiencias de alucinaciones, entonces los líderes religiosos de los judíos de aquellos días podrían haber frenado el cristianismo en el momento de su eclosión. A fin de ponerle coto a esa predicación recién comenzada acerca de la resurrección, los enemigos de Jesús simplemente debían haber ido al sepulcro de Jesús y exponer el cuerpo a la vista de todos. Esto habría probado que los discípulos padecían alucinaciones, o que mentían, y que no eran de fiar.

Si los discípulos alucinaban, sus enemigos simplemente debían haber ido al sepulcro.

La derrota del mayor miedo del género humano

Pero se puede confiar en los discípulos de Jesús. Ya hemos visto que se puede confiar en la Biblia, meticulosamente copiada y transmitida en el transcurso de los siglos. Teniendo en cuenta esta información, ¿qué sabemos acerca del primer Viernes Santo y el Domingo de Pascua? Jesús de veras murió; existe suficiente evidencia del hecho tanto en la Biblia como fuera de ella. El sepulcro de Jesús estuvo evidentemente vacío; sus enemigos no sacaron el cuerpo, ni tampoco los discípulos. Éstos y otras personas vieron a Jesús y se relacionaron con él después de la resurrección; todos los apóstoles, con excepción de Juan, sufrieron el martirio.

La resurrección de Jesús fue un acontecimiento real de la historia, de ningún modo un concepto mítico.

Siendo que la resurrección fue un acontecimiento real de la historia, y no un concepto mítico, ¿nos afecta a nosotros? La respuesta es sí, nos afecta. Como ya ha sido dicho anteriormente, todas las cosmovisiones deben responder a preguntas fundamentales de origen, propósito, y destino. En otras palabras: ¿de dónde venimos, por qué estamos dónde estamos, y qué sucede cuando morimos? El cristianismo tiene respuestas a todas estas preguntas, con soluciones que se ajustan a la realidad y al mundo que nos rodea. Vivimos en un mundo de designio divino, con un orden físico y moral que acarrea la decadencia y la muerte; la creación y la caída en pecado lo explican. Vivimos con el deseo de encontrarle sentido a la vida, y sin embargo todos nuestros logros no llegan a llenar un vacío que solamente Dios puede llenar. Jesucristo satisface nuestros anhelos, al traernos de vuelta a una relación armoniosa con Dios, ya que por la fe en él nuestros pecados quedan perdonados. La muerte nos circunda; por causa del pecado del hombre, la muerte entró en el mundo. Debido al pecado del género humano entró Jesús en el mundo. Al nacer en un establo, el Dios del universo adoptó la naturaleza humana y vivió entre nosotros, pero sin pecado, y cumplió con toda la justicia que su ley exige. Luego Jesús fue voluntariamente a la cruz, y sufrió el castigo por nuestros pecados a fin de que fuéramos declarados libres. Y resucitó. Nosotros también resucitaremos. Hay esperanza en medio del sufrimiento y la muerte. Jesús derrotó nuestro mayor miedo: la muerte.

La resurrección de Jesús es la prueba de que él derrotó nuestro mayor miedo: la muerte.

Oigan, o lean, el modo en que Jesús hizo frente al problema de nuestro destino, lo que sucederá cuando muramos. Junto a Marta frente a la tumba de su hermano Lázaro, Jesús le dijo:

> **–Yo soy la resurrección y la vida. El que cree en mí vivirá, aunque muera; y todo el que vive y cree en mí no morirá jamás. ¿Crees esto? –Sí, Señor; yo creo que tú eres el Cristo, el Hijo de Dios, el que había de venir al mundo.**
> **Juan 11:25-27**

Son palabras que Jesús pronunció para consolar a Marta (y a su hermana María) después de que su hermano había muerto, reafirmando que Lázaro resucitaría en el día del juicio final. Pero Jesús hizo algo más. No esperó hasta el día del juicio; Jesús resucitó a Lázaro ese mismo día, y probó así que él era el Cristo, el Hijo de Dios, y que era la resurrección y la vida.

Es interesante notar que Lázaro tiene dos tumbas. Una se encuentra en Betania, en Israel, no lejos de Jerusalén. Ese pueblo se llama ahora Azariyeh o Lazariyeh, y quiere decir "el lugar de Lázaro", para significar el acontecimiento de su resurrección.[149] La otra tumba se encuentra en la isla de Chipre, en el Mar Mediterráneo. Dice: "Lázaro, obispo de Larnaca. Muerto durante cuatro días. Amigo de Jesús."[150] La inscripción se ajusta al relato del evangelio de Juan de que era amigo de Jesús (Juan 11:1-3), y que ya hacía cuatro días que había muerto (Juan 11:39). ¡Pero más sorprendente es el hecho de que Lázaro vivió nuevamente después de su primera muerte! Su segunda tumba es un testimonio de tal hecho. Lázaro es para todos nosotros un recordatorio de que Jesús derrotó a la muerte, porque él es la resurrección y la vida. Tome nota que Jesús dijo que él era la resurrección, y no la reencarnación. No reencarnamos, nuestra alma no vuelve a vivir en otro cuerpo. En Eclesiastés 12:7 dice refiriéndose a nuestro cuerpo: "Volverá entonces el polvo a la tierra, como antes fue, y el espíritu volverá a Dios, que es quien lo dio." Además, en Hebreos 9:27-28 dice: "Y así como está establecido que los seres humanos mueran una sola vez, y después venga el juicio, también Cristo fue ofrecido en sacrificio una sola vez para quitar los pecados de muchos; y aparecerá por segunda vez, ya no para cargar con pecado alguno, sino para traer salvación a quienes lo esperan." La Biblia dice que morimos una sola vez, y después afrontamos el juicio de Dios, ya sea que tengamos fe en Cristo como Salvador, o no.

Jesús es la resurrección; la Biblia dice que morimos una sola vez y después afrontamos el juicio, no la reencarnación.

Afrontar, en el día del juicio, una eternidad con Dios o sin él, depende, respectivamente, de nuestra fe en Cristo o de la falta de ésta. Jesús expresó:

> **Porque tanto amó Dios al mundo, que dio a su Hijo unigénito, para que todo el que cree en él no se pierda, sino que tenga vida eterna. Dios no envió a su Hijo al mundo para condenar al mundo, sino para salvarlo por medio de él. El que cree en él no es condenado, pero el que no cree ya está condenado por no haber creído en el nombre del Hijo unigénito de Dios. Juan 3:16-18**

El apóstol Juan escribió lo mismo en 1 Juan 5:11-13:

> **Y el testimonio es éste: que Dios nos ha dado vida eterna, y esa vida está en su Hijo. El que tiene al Hijo, tiene la vida; el que no tiene al Hijo de Dios, no tiene la vida. Les escribo estas cosas a ustedes que creen en el nombre del Hijo de Dios, para que sepan que tienen vida eterna.**

Afrontar en el día del juicio la eternidad con o sin Dios, depende de nuestra fe en Cristo.

Siendo que no morimos simplemente y dejamos de existir, la respuesta a la pregunta "¿Quién fue Jesús?" conlleva consecuencias de eternidad. El profesor y autor C. S. Lewis, gran apologeta cristiano, desarrolló el triple lema: "Señor, mentiroso, o lunático", para incitar a las personas a pensar a fondo el tema de la identidad de Jesús.

> **Aquí trato de evitar que cualquiera exprese lo verdaderamente necio que con frecuencia la gente dice de él: 'Estoy dispuesto a aceptar a Jesús como un gran moralista, pero no acepto su afirmación de ser Dios.' Esto es lo que no debemos decir. Un hombre que no fue sino hombre y dijo la clase de cosas que Jesús dijo, no fue un gran moralista. O fue un lunático –al mismo nivel del hombre que dice ser un huevo escalfado–, o fue el diablo**

salido del infierno. Uno tiene que escoger. O este hombre fue, y es, el Hijo de Dios, o si no un lunático o algo peor. Puede desautorizarlo diciendo que es un tonto, puede escupirle y matarlo alegando que es un demonio; o puede postrarse ante él y llamarlo Señor y Dios. Pero no nos vengamos con la absurda condescendencia de que fue un gran maestro humano. Él no lo dejó librado a nuestro criterio. No fue ésa su intención.[151]

Esto es, en términos generales, lo que C. S. Lewis dijo. Lógicamente, sabemos que Jesús no fue una leyenda. Realmente vivió. De modo que era el Señor, como afirmó ser en el juicio al que lo sometieron y en otras ocasiones, o un mentiroso que afirmaba que podía conceder la vida eterna a las personas (como María y Marta), o un lunático que creyó ser Dios. El problema con afirmar que Jesús no era el Señor consiste en que no le queda a usted otra cosa sino aceptarlo como un mentiroso o un lunático. Si fue un mentiroso, entonces no lo ponga en la lista de los grandes moralistas o como un modelo a seguir para todos nosotros, ya que engañó a la gente con mentiras flagrantes y falsas esperanzas. Si fue un lunático, entonces, ¿por qué ninguna de sus enseñanzas ni acciones arrojan un diagnóstico tal? Hasta los historiadores no creyentes concuerdan con que Jesús fue un elemento positivo dentro de la comunidad. Recuerde que Josefo dijo: "Por este tiempo hubo un hombre sabio llamado Jesús, de conducta intachable y con fama de virtuoso."[152] Si no era ni mentiroso ni lunático, Jesús debe ser el Señor, tal como Pedro confesó que lo era, cuando Jesús le preguntó, en Mateo 16:15-17:

–Y ustedes, ¿quién dicen que soy yo? –Tú eres el Cristo, el Hijo del Dios viviente–afirmó Simón Pedro. –Dichoso tú, Simón, hijo de Jonás –le dijo Jesús–, porque eso no te lo reveló ningún mortal, sino mi Padre que está en el cielo.

Más tarde, cuando Jesús preguntó a los apóstoles si ellos lo iban a abandonar, Pedro nuevamente confesó: "–Señor –contestó Simón Pedro–, ¿a quién iremos? Tú tienes palabras de vida eterna. Y nosotros hemos creído, y sabemos que tú eres el Santo de Dios" (Juan 6:68-69).

Jesús es o el Señor o un mentiroso, y no un hombre de bien; o es un lunático, pero nadie lo considera como tal.

Religiones de "haz esto" en oposición a la religión "está hecho"

Pedro sabía que dejar a Jesús era una futilidad. Él era el Salvador y el camino a la vida eterna. Si bien existen en el mundo diversas religiones, ninguna sin embargo es más popular que el cristianismo. Aproximadamente un tercio del género humano está constituido por cristianos.[153] Pero hay algo más distintivo acerca de la fe. En todas las demás religiones usted "hace" algo para la salvación. Tiene que ser bueno, cumplir con toda una serie de leyes, o satisfacer ciertos requisitos. Para salvarse, se ejerce presión sobre usted. Contrástelo con el cristianismo. Uno de los aspectos más singulares del cristianismo es la salvación. Ésta está "consumada" para usted por Cristo, y no hay nada que pueda hacer para merecer ir al cielo. Ninguna otra religión del planeta comparte el concepto. Queda claramente establecido en Efesios 2:8-9: "Porque por gracia ustedes han sido salvados mediante la fe; esto no procede de ustedes, sino que es el regalo de Dios, no por obras, para que nadie se jacte." Por esto el apóstol Juan, hacia el final de su evangelio, redactó las siguientes líneas:

> **Jesús hizo muchas otras señales milagrosas en presencia de sus discípulos, las cuales no están registradas en este libro. Pero éstas se han escrito para que ustedes crean que Jesús es el Cristo, el Hijo de Dios, y para que al creer en su nombre tengan vida. Juan 20:30-31**

Tan sólo por creer que Jesús es el Cristo, el Hijo de Dios, usted tiene vida en su nombre, tal como la tuvo Lázaro. Lázaro no hizo nada, no pudo hacerlo porque estaba muerto. Jesús tuvo que resucitarlo. Del mismo modo, nosotros estamos espiritualmente muertos en pecado y Dios nos resucita por el poder del Espíritu Santo, y obra en nosotros la fe en Jesús como Salvador.

Dice en Efesios 2:4-5: "Pero Dios, que es rico en misericordia, por su gran amor por nosotros, nos dio vida con Cristo, aun cuando estábamos muertos en pecados. ¡Por gracia ustedes han sido salvados!" Nosotros no hacemos nada, ¿acaso podríamos, siendo que estamos espiritualmente muertos? La salvación ha sido consumada para nosotros.

En todas las demás religiones usted hace algo para la salvación; por Cristo, la salvación está consumada para usted.

Cuánto consuela saber que esta cosmovisión no sólo está en armonía con la realidad que nos rodea, ajustándose a los hechos, sino que también responde a las preguntas que todos tenemos, y es útil en el tratamiento de los temas relacionados con el sufrimiento y la muerte. El Señor de la vida se ocupó de nuestro mayor miedo y lo derrotó. ¡Cristo resucitó! ¡Ciertamente resucitó! ¡Es una verdad incontrovertible! Sin embargo, cada vez más hay personas que hoy día no creen que el tema de la verdad absoluta siquiera sea posible. Cada cual puede tener su propio mapa de cosmovisión que para él es la verdad; no existe tal cosa como una verdad absoluta para todos. ¿Es cierto que no hay verdad? Investiguémoslo en nuestro próximo capítulo, porque es un tema de actualidad.

Capítulo 12

¿Qué es la posmodernidad y la nueva tolerancia?

Punto de vista histórico

Anteriormente, en este libro, dije que usted tiene la libertad de creer lo que quiera, pero lo que uno en verdad se pregunta es: ¿es verdad? Según el diccionario, la verdad se define como: "Conformidad con el conocimiento, la realidad, la existencia, o la lógica."[154] Uno puede creer algo, aceptarlo como cierto, genuino, o real, pero eso no lo hace verdadero. Tomemos, por ejemplo, la idea de que hay un hombre en la luna. Uno tiene la libertad de creerlo, pero no se ajusta a los hechos ni corresponde con la realidad; échele sólo un vistazo a los descubrimientos hechos por la NASA (Administración Nacional de Aeronáutica y del Espacio), producto de sus misiones a la luna.

Compare ahora la creencia acerca de un hombre en la luna con la convicción de que Jesús resucitó. La resurrección se ajusta a la realidad y concuerda con la lógica y los hechos. Por todo lo que vimos en el capítulo anterior, ¡es la verdad!

Sin embargo hoy día, la cuestión de la verdad en sí está expuesta a la crítica. Hay quienes afirman que no hay verdad. Otros dicen que lo que para ellos es la verdad puede no serlo para usted. ¿Qué significa esto? Con la finalidad de darle un nombre a esta degradación de la verdad, los eruditos dicen que vivimos en una época posmoderna. Pero, ¿qué significa esto? Y para el caso, ¿qué sería la época anterior a la moderna, y qué la moderna? Veamos si logramos conformar un punto de vista respecto a estas tres eras, la anterior a la época moderna, la moderna, y la posterior a la moderna.

Intentémoslo navegando a lo largo de la historia a fin de ver cómo se consideraron, por lo general, tres temas clave: lo sobrenatural, el relato de cómo llegamos a existir, y la cuestión de la verdad.[155]

Durante lo que podría llamarse la era anterior a la moderna, o sea antes del siglo XVI, se creía firmemente en lo sobrenatural, o sea en Dios. Además, se aceptaba que las tradiciones orales y escritas, como la Biblia, contaban con la autoridad de explicar toda la realidad. La Biblia nos brindaba la explicación acerca de dónde vinimos, por qué estamos aquí, y qué sucede al final. Es una "gran historia", una explicación global de lo que constituye la realidad.[156] Para el sujeto de la época anterior a la moderna, la verdad es objetiva, corresponde a la realidad, y se puede acceder a ella mediante la Biblia o la razón. La verdad es lo que uno observa en el mundo real, y lo que se dice acerca de ese mundo.[157] La declaración: "La luna se mueve en una órbita alrededor de la tierra", es un ejemplo de una afirmación fundada en la verdad, y que corresponde con la realidad.

El pensamiento anterior al modernismo cree en lo sobrenatural, en una explicación global de lo que constituye la realidad, y en una verdad objetiva.

Ya en la Edad Moderna desde, aproximadamente, 1600-1960, creció el escepticismo respecto de lo sobrenatural. No quiere decir que todo el mundo en su totalidad dejó de creer en Dios; para algunos hubo dudas, mientras que para otros hubo una incredulidad total y apostasía. La razón y la ciencia reemplazaron a Dios. La ciencia le brindaba al género humano la gran historia de toda la realidad, la explicación acerca de nuestros orígenes, de por qué estamos donde estamos, y qué sucede al final. La evolución, el big bang y las teorías que lo acompañan, son de esta época. Lo que sin embargo se mantiene constante de la época anterior a la Edad Moderna, es una actitud que apunta a la verdad; sigue siendo objetiva, corresponde con la realidad, y puede llegar a conocerse con el descubrimiento de hechos referidos al mundo.

El pensamiento moderno cree en la ciencia, en una explicación global de lo que constituye la realidad, y en una verdad objetiva.

Sin embargo, el período posmoderno de hoy, que arranca a partir de 1960, parece tener problemas con toda pretensión de conocimiento y verdad. No sólo se descarta lo sobrenatural, sino también la ciencia. Hay un rechazo no sólo de la creación sino también de la evolución para brindarnos la gran historia acerca de toda la realidad. No hay una historia global de lo que constituye la realidad. Nadie estuvo presente ni para ver el primer día de la creación o el big bang, de manera que nadie sabe. No podemos saber. La verdad y la realidad son subjetivas, no objetivas. Uno las crea. Además, la verdad y la realidad las construyen también las sociedades, y todas las sociedades son diferentes, de modo que hay diferentes verdades. La expresión más famosa del posmodernismo es: "Será verdad para ti, pero no para mí." Fue el primer cambio cultural basado en un cambio en el origen de la verdad, no un descubrimiento científico o logro de la medicina.

El pensamiento del posmodernismo afirma que no hay Dios, no hay una explicación global de lo que constituye la realidad, ni una verdad objetiva.

La cosmovisión posmoderna lo impregna todo: las escuelas, los cines, la televisión, la música, los gobiernos, y muchas veces sin.que nos demos cuenta. Tratemos de resumir las afirmaciones del posmodernismo, así las descubrimos más fácilmente, y veamos los problemas relacionados con esta filosofía.

Afirmaciones y contradicciones del posmodernismo

Un resumen de las afirmaciones del posmodernismo incluye lo siguiente: No hay verdad, sino simplemente interpretaciones de pueblos y culturas diferentes, y todas son igualmente válidas. Tome como ejemplo la resurrección de Jesús. Dentro del pensamiento posmoderno, la "verdad cristiana" es que Jesús resucitó, mientras que en la "verdad del Islam" Jesús ni siquiera murió en la cruz, ni se habla de la resurrección. David Nobel lo expresa así: "No hay una Verdad universal (con "V" mayúscula); solamente hay "verdades" (con "v" minúscula) que son propias de una sociedad o un grupo de personas, y limitadas a una percepción individual."[158] Estas pequeñas verdades abarcan la religión, la ciencia, la educación y todo lo que esté relacionado con culturas particulares, lo cual son convicciones arbitrarias aceptadas por personas condicionadas por las sociedades a aceptarlas.[159]

No hay verdad; sólo hay interpretaciones de diferentes personas y culturas, y todas son igualmente válidas.

Pero, ¿reparó usted en una contradicción en esta cosmovisión? Recuerde que nuestra segunda prueba para una cosmovisión es que no tiene contradicciones. Si algo es lógicamente incoherente, no puede ser verdad. En el ejemplo de la resurrección, hay una contradicción que es obvia: el cristiano y el musulmán, ambos no pueden tener la razón. ¿Jesús murió, o no murió? ¿Resucitó, o no resucitó? En cuanto a la afirmación del posmodernismo de que no hay verdades universales, sino simplemente culturales, hasta los humanistas seculares están en desacuerdo, porque afirman que la ciencia es una verdad universal, sin importar su entorno.[160] Por ejemplo, a dondequiera que usted va la gente muere, dos más dos son cuatro, y la luna presenta diferentes fases.

Mayor aún es la más grande contradicción dentro de la afirmación de la cosmovisión del posmodernismo, de que no hay verdad. Proponer que no hay verdad es una afirmación de la verdad. Consecuentemente el posmodernista revela una posición de auto-derrota, ya que su propia afirmación debe incluirse en la afirmación: "No hay verdad". Es incoherente decir: "La verdad es que no hay verdad". O, para expresarlo de otra forma, la escritora Nancy Pearcey dijo:

> **"El eslogan clave del posmodernismo es: 'La verdad se hace, no se encuentra'...** ***Las convicciones no son otra cosa sino invenciones humanas,*** **como** ***los aparatos de la tecnología moderna...*** **El argumento más contundente que podemos utilizar en contra de esta reducción fenomenológica tan radical es, que se socava a sí misma. Si las ideas y las convicciones no son verdaderas sino sólo útiles para controlar el medio ambiente, entonces esto se aplica al concepto del posmodernismo. Y si el posmodernismo no es verdadero, entonces ¿por qué los demás debiéramos darle crédito?**[161]

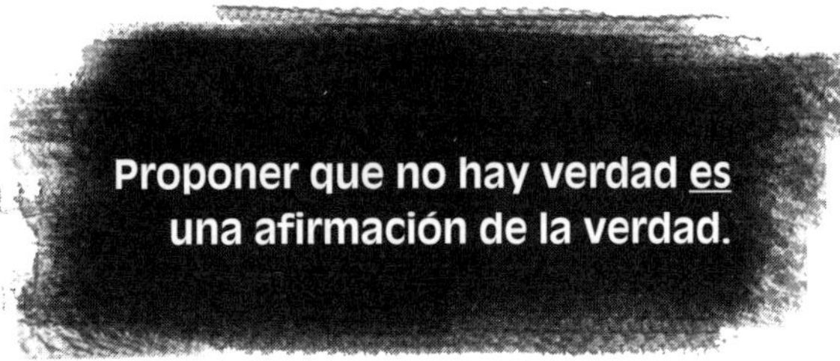

La segunda afirmación del posmodernismo es que no hay una explicación global de lo que constituye la realidad, o una gran historia para explicar toda la realidad, sin importar si el modelo es la creación o la evolución. La creación se descarta ya que Dios no existe, lo cual es la presuposición que da origen al posmodernismo. (Recuerde que todas las cosmovisiones se originan con una presuposición: Dios existe o no existe). Además, la teoría del big bang se descarta porque los científicos no estuvieron allí para ver el origen del universo, de manera que "las declaraciones que reflejen el mundo entero son una imposibilidad... solamente las narraciones locales contadas por diversas culturas" ofrecen una explicación del mundo.[162]

Pero aquí encontramos otra contradicción dentro del posmodernismo. Proponer que no hay una explicación global de lo que constituye la realidad, es otra declaración de la verdad, la que no tiene coherencia dentro de un sistema que afirma que la verdad no existe. Si no hay verdad, ¿cómo es posible afirmar con tanta autoridad que solamente las historias locales contadas por culturas diversas son permisibles? ¿Quién puede afirmar que no hay una gran historia?

La tercera afirmación dentro del posmodernismo es que cualquier texto escrito carece de sentido real, y que son sólo interpretaciones varias a disposición de los lectores. La frase más conocida en relación con este modo de pensar es: "¿Qué significa para usted?" Mientras que en el posmodernismo cada escritor tiene su propio entorno cultural, sin embargo la interpretación del texto por parte del lector es más importante que lo que está escrito.[163] El profesor J. P. Moreland lo explica así:

> **Antes bien, el sentido de un texto, según los posmodernistas, queda determinado por una comunidad de lectores que comparten una interpretación. De este modo el propósito de Pablo carece de importancia en lo que se refiere al sentido del libro de Romanos. A decir verdad, no hay un libro de Romanos. Antes bien, hay un libro de Romanos luterano, un libro de Romanos católico, un libro de Romanos marxista, etc., pero no hay un libro de Romanos por sí mismo.[164]**

Sin embargo, esto es un reto a la interpretación luterana de las Escrituras: "Un texto de las Escrituras puede tener un único sentido y significado de propósito divino; en el caso de dos interpretaciones contradictorias de un mismo texto, ambas no pueden ser correctas."[165] Tome como ejemplo Juan 14:6: "Yo soy el camino, la verdad y la vida –le contestó Jesús–. Nadie llega al Padre sino por mí". ¿Cuántas interpretaciones hay para esta declaración tan clara?

He aquí la contradicción: cuando se nos pide que concordemos con la interpretación del posmodernismo de que no hay sino interpretaciones de textos escritos, es algo que no está abierto al debate; ¡eso es verdad! Pero en una cosmovisión que afirma que no hay verdad, ¿cómo es posible? Por lo demás, según el profesor D. A. Carson, él nunca conoció a ningún autor posmoderno que estuviese de acuerdo con que un revisor malinterpretara su obra.[166] Estos autores no practican lo que predican. En todo texto hay un sentido verdadero. No se puede interpretar simplemente a gusto y placer de cada uno.

Se nos pide que concordemos con la interpretación de que no hay sino interpretaciones.

Y mientras tenga atractivo la libertad de interpretar las palabras según nos place, en particular cuando se trata de las que nada nos importan, la realidad tiende a abofetearnos. Si alguien grita: "El pasillo está en llamas", puede haber más de una interpretación al respecto. Pero la declaración que se ajusta a una realidad de humo y llamas en el vestíbulo, no está abierta a interpretaciones múltiples. Un pasillo en llamas no es cuestión de juego de palabras. Con la teoría de la correspondencia de la verdad, la verdad corresponde a los hechos de la realidad, y las personas pueden resultar lastimadas.

El posmodernismo y su oposición al realismo

Y éste es el mayor problema con el pensamiento del posmodernismo hoy, que colisiona precisamente con la realidad. Los que apuestan al posmodernismo no sólo afirman que uno puede darles a las palabras escritas el sentido propio de uno, sino que también aseveran que uno construye su propio mundo de acuerdo con su cultura y experiencia. Según los posmodernistas, todos estamos subordinados a nuestra sociedad y lenguaje, y nadie tiene en realidad la libertad de tener parte en el mundo con declaraciones objetivamente verdaderas de los hechos. Todo pensamiento es una "estructura social", o sea que se nos condicionó a aceptar creencias arbitrarias mediante nuestra cultura, exactamente como los demás han sido condicionados por sus culturas. Utilizando nuevamente el ejemplo de la resurrección, los cristianos han sido condicionados a creer su verdad, exactamente como los musulmanes han sido condicionados a creer la verdad de ellos. No importa lo que digan acerca de la muerte de Jesús fuentes objetivas tales como los escritos de Josefo, Tácito, y Luciano del siglo I y II. Si los musulmanes afirman que Jesús no murió, entonces eso es verdad para ellos. Los cristianos tienen su verdad y los musulmanes la de ellos. La teoría de la correspondencia de la verdad, de que las declaraciones corresponden con el mundo real y objetivo, no tiene cabida en el dominio del pensamiento posmoderno, en que el pensamiento humano construye subjetivamente la realidad. Esto se llama oposición al realismo.

La oposición al realismo se encuentra donde el pensamiento humano construye subjetivamente la realidad.

Otro ejemplo de esto son los abortos y homicidios fetales. Cuando una mujer está embarazada, puede abortar el feto sin que por eso cometa un crimen. Sin embargo, si un agresor mata a una mujer embarazada, se lo puede acusar de homicidio y también de homicidio fetal; se lo acusa de haber cometido dos crímenes. Al menos treinta y cinco Estados (U.S.A.) reconocen la muerte ilegal de un feto como homicidio, en al menos algunas circunstancias.[167]

Observe cómo la realidad la va construyendo el individuo, ya que no hay verdad, sino simplemente interpretaciones de diferentes individuos y culturas. Si la mujer no quiere conservar el feto, en tal caso en la clínica donde aborta no se cometió crimen alguno en contra del bebé; después de todo es sólo tejido. Pero si la mujer quiere tener el bebé, entonces el criminal mató dos personas; el tejido era una persona con derechos. Éste es un ejemplo de las contradicciones con las que convivimos en esta era, una realidad construida subjetivamente por el pensamiento humano, no una realidad objetiva. Y es algo muy atractivo para nuestro deseo individual de ser libres y autónomos, de establecer cada uno las reglas para sí mismo.

Tolerancia, definiciones antiguas y nuevas

Sin embargo, hablar de estos temas, ya sea de lo malo del aborto, o de la veracidad del cristianismo, es ir en contra de la mentalidad posmoderna. No hay nada que ofenda más a la gente hoy día que afirmar ser el dueño de la verdad. Ya que no hay verdad, nadie puede afirmar tenerla. Está diametralmente opuesto a los principios fundamentales del posmodernismo.

Y por esto los partidarios del posmodernismo piden tolerancia.

Hoy día hay en realidad dos definiciones de la tolerancia en vigencia. Le será útil poder determinar cuál definición tiene aceptación cuando se utiliza el término. Lo puede lograr preguntando cuál definición se está utilizando. La definición antigua es "reconocer las creencias de los demás sin compartirlas". Por ejemplo, uno es cristiano y otro es musulmán. Usted entiende lo que creen, pero no comparte su punto de vista particular, de manera que vive y deja vivir. A esto se lo conoce hoy día como tolerancia "negativa".

La definición antigua de tolerancia significa reconocer las creencias de los demás sin compartirlas.

No obstante, la tolerancia "positiva" (la definición nueva) es reconocer que las creencias de todo el mundo son iguales, y que ninguna afirmación de la verdad supera a otra. Todas las creencias se toleran ya que ninguna puede en realidad ser la verdad. Recuerde que toda cosmovisión comienza con una presuposición. El posmodernismo afirma que no hay Dios; además afirma que no hay verdad, sino simplemente interpretaciones de individuos y culturas diferentes, y que todas son igualmente válidas. De manera que cualquier persona o grupo que afirma ser dueño de la verdad juzga las creencias de los demás y por lo tanto es intolerante. Al afirmar que son los dueños de la verdad tratan de dominar a las demás culturas.[168] Los intolerantes sufrirán las consecuencias: clases de comportamiento, una marca en su registro permanente, pérdida de reputación académica, u oportunidades de empleo malogradas. No obstante, todos los días hay ejemplos de personas que luchan por la verdad y voluntariamente sufren por ello. Gracias a Dios, hay grupos que ofrecen ayuda, tales como "The Alliance Defense Fund" (Fundación defensa de la alianza). Es una organización cristiana que defiende y protege el derecho de oír y hablar la verdad en los grupos de personas de características comunes en todo Estados Unidos.

La nueva tolerancia consiste en que las creencias de todo el mundo son iguales; no hay afirmación de la verdad que supere a otra.

Pero en medio de esta ansia de ser tolerante, ¿se fijó en el doble estándar? Si todas las creencias son iguales, entonces debiera tolerarse la intolerancia. Si los cristianos tienen su verdad, nadie puede juzgarlos a causa de ello simplemente porque digan que es la verdad. Chuck Colson lo expresa de este modo:

> Pero el credo para el nuevo dios de la tolerancia es que es imposible conocer la verdad. De manera que todo el mundo tiene la libertad de creer y actuar según le place, con una excepción: no se tolera a los que tienen la audacia de creer que ellos conocen la verdad, en particular si creen que Dios se la ha revelado. El resultado es que los que entronizaron al nuevo dios de la tolerancia se han convertido en árbitros absolutos de la cultura.[169]

Quienquiera que afirme ser el dueño de la verdad juzga las creencias de los demás y es intolerante.

Pero este pensamiento posmoderno tiene también otras consecuencias.

Consecuencias de la posmodernidad
Reacciones personales ante la época de la posmodernidad

En primer lugar, tenemos que entender la época y cobrar conciencia de los diferentes modos de pensar que nos rodean. En 1 Crónicas 12:32 se mencionan hombres que se unieron a David para luchar junto a él: "Eran hombres expertos en el conocimiento de los tiempos, que sabían lo que Israel tenía que hacer." De manera similar, nosotros debemos adquirir un conocimiento de las cosmovisiones de la actualidad a fin de estar preparados para presentar un testimonio eficaz. Ravi Zacharias, apologeta cristiano, dice que entender lo que nosotros creemos y lo que los demás creen, es la clave para el siglo en que vivimos.[170] Este libro es un paso en la dirección correcta. Queda mucho por conocer, pero es un comienzo.

Tenemos que entender los tiempos y cobrar conciencia de los diferentes modos de pensar que nos rodean.

En segundo lugar, tenemos que desarrollar las convicciones. Una convicción es estar plenamente convencido de que lo que se cree es verdadero, y estar dispuesto a defenderlo. No podemos conformarnos con sólo creer en la fe cristiana; debemos estar totalmente convencidos de que es verdadera. Espero que este libro le haya ayudado a convencerlo si es que tiene dudas respecto de la veracidad de la Biblia o del mensaje cristiano. En 2 Timoteo 3:14-15 Pablo anima a Timoteo a mantenerse firme en lo que llegó a conocer como veraz:

"Pero tú, permanece firme en lo que has aprendido y de lo cual estás convencido, pues sabes de quiénes lo aprendiste. Desde tu niñez conoces las Sagradas Escrituras, que pueden darte la sabiduría necesaria para la salvación mediante la fe en Cristo Jesús."

No podemos conformarnos con sólo creer en la fe cristiana; debemos estar totalmente convencidos de que es verdadera.

En tercer lugar, debemos procurar la verdad. No sólo Jesús es la verdad (Juan 14:6), sino que la Biblia también lo es (Juan 17:17). Debemos estudiar y conocer la Biblia, además de la apologética, porque se nos envía al mundo a evangelizar. ¡En un mundo de posmodernidad en que no existe la verdad, necesitamos toda la verdad que podamos conseguir! En Juan 17:15-18, Jesús oró por sus discípulos:

"No te pido que los quites del mundo, sino que los protejas del maligno. Ellos no son del mundo, como tampoco lo soy yo. Santifícalos en la verdad; tu palabra es la verdad. Como tú me enviaste al mundo, yo los envío también al mundo."

Debemos estudiar y conocer la Biblia, además de la apologética, porque se nos envía al mundo.

Finalmente, en cuarto lugar, debemos amar a nuestros enemigos, lo que verdaderamente nos distingue como cristianos. Es inevitable que haya personas que estén en desacuerdo con usted; en la cultura posmoderna habrá quienes lo tilden de intolerante o de mente estrecha. En lugar de insultar o pelear, Cristo nos invita a imitarlo y dejar en las personas una impresión perdurable. Jesús les dijo a sus discípulos: "Amen a sus enemigos y oren por quienes los persiguen" (Mateo 5:44). Lo que usted diga puede impactar a las personas, pero lo que haga puede, a veces, producir un impacto mucho más grande.

Debemos amar a nuestros enemigos, eso es lo que en verdad nos distingue como cristianos.

Reacciones de carácter público en tiempos posmodernos

Según vimos de los pasajes bíblicos que acabamos de leer, tenemos el llamamiento de ser testigos. De manera que, ¿cómo podemos llevarlo a cabo con efectividad hoy día? Ravi Zacharias nos brinda algunos consejos para hacer frente a situaciones de carácter público en el mundo de la posmodernidad.[171] A fin de presentar hoy día el evangelio, en lugar de abrir primero la Biblia, hágale algunas preguntas a su audiencia. Después ilustre su punto con ejemplos. Y finalmente aporte a la discusión la verdad, la Biblia. El motivo por el que se recomienda iniciar el tema en primer lugar con preguntas, seguir con ejemplos que ilustren, y terminar con la Biblia por último, se debe a que sólo aproximadamente un tercio de la población adulta estadounidense cree que la Biblia es la palabra de Dios y que debe aceptarse literalmente palabra por palabra. Abordamos este hecho en un capítulo anterior acerca de la Biblia. Tenemos que conocer a nuestra audiencia, saber lo que creen y lo que no creen.

Hágale preguntas a su audiencia. Ilustre su punto con ejemplos. Después abra la Biblia.

Por ejemplo, si usted estudió y conoce los principios de la posmodernidad, pregúntele a su audiencia si ellos están de acuerdo con la idea de que todos tienen la razón, ya que no existe la verdad. Si es así, esto lleva a contradicciones sin razonamiento. Ilustre su punto con una discusión acerca de la persona de Jesucristo tanto para musulmanes como para cristianos. Si ambos tienen la razón, ¿cómo es posible que Jesús sea un mero profeta para los musulmanes y el Hijo de Dios y Salvador del mundo para los cristianos? Aceptar ambos criterios es una contradicción. Siga hasta el final con la Biblia, y aplique lo que dijo Jesús en Juan 14:6: "Yo soy el camino, la verdad y la vida –le contestó Jesús–. Nadie llega al Padre sino por mí." Recuerde que si la gente dice que eso es sólo su verdad, hágales notar las contradicciones del pensamiento posmoderno que comparten. La idea de que no hay verdad se socava a sí misma. "No hay verdad", llega a ser una declaración de verdad.

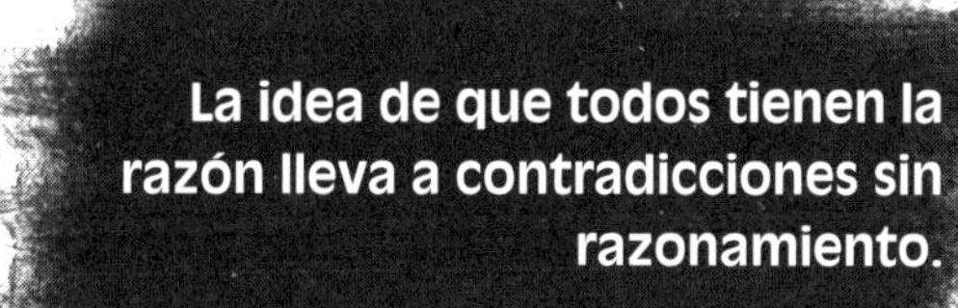

Tomemos otra situación de testimonio. En nombre de la nueva tolerancia, hoy día se afirma que usted puede creer lo que se le antoje; sólo no permita que afecte la vida pública y la política. No queremos ofender a nadie. A esto se le llama privatización, cuando las personas separan su vida privada de su vida pública. Por más que se quiera, no tiene sentido; ¿de qué les sirve su religión si no la practican? Considere este ejemplo para ilustrar su punto: diga que, privado de recursos, se encuentra en una zona extraña de la ciudad, perdido y sin un teléfono celular. En esa circunstancia se le acercan cinco cristianos que discurren acerca de lo grandioso que fue el estudio bíblico del que acaban de participar. ¿Qué espera usted que hicieran? ¿No esperaría que le prestasen auxilio? ¿No esperaría que pusieran en práctica su fe privada en público, ayudándole? Por otro lado, si pasan de largo y lo dejan solo y abandonado, o peor aún, si lo atacan, su hipocresía lo haría vomitar. Tal como dice en Santiago 2:26: "Pues como el cuerpo sin espíritu está muerto, así también la fe sin obras está muerta." Lo que esperamos es que la fe privada se demuestre a la vista de todos. A partir de la abolición de la esclavitud, sin olvidar la fundación de escuelas y hospitales, el cristianismo cuenta con un abundante historial de cómo mejorar la sociedad.

La privatización, o sea cuando las personas separan su vida privada de su vida pública, por más que se quiera, no tiene sentido alguno.

Salta a la vista que la posmodernidad es compleja, contradictoria, y siempre cambiante.[172] Gracias sean dadas a Dios que él no cambia: "Jesucristo es el mismo ayer y hoy y por los siglos" (Hebreos 13:8). En medio de nuestra confusión aquí en la tierra, podemos confiar en la Biblia y en Dios, según vimos en capítulos anteriores. El mapa cristiano de la cosmovisión puede utilizarse para navegar hacia dondequiera que sea, en cualquier tiempo, y con quien sea. Se aplica a todos nosotros. Es universal. Es una explicación global de lo que constituye la realidad, y la verdad. Concluyamos este libro con una revisión de esta verdad disponible para todas las personas, en todo momento, y en todo lugar, y que satisface nuestras necesidades más apremiantes.

Capítulo 13

¿Cuál es el mejor modo de presentar un testimonio eficaz hoy día?

La "verdad de dos pisos" de la fe y la razón

En el capítulo anterior vimos que en el mundo posmoderno en el que vivimos no existe una Verdad ("V" mayúscula) universal; sólo hay "verdades" ("v" minúscula) con un sentido particular para una sociedad, y limitadas a la percepción individual. Por otro lado, el cristianismo ofrece una "cosmovisión completa y unificada que se ocupa de la vida y la realidad en su totalidad. No se trata solamente de una verdad religiosa, sino de una verdad absoluta".[173] Como hemos visto, Dios provee las respuestas a todas las preguntas que tenemos, de cómo este universo ordenado llegó a existir gracias a la creación, cómo entraron el mal y el sufrimiento en el mundo por la rebelión de Adán y Eva, y cómo Dios lidió con el pecado del género humano mediante su Hijo Jesucristo. Además, la Biblia explica por qué fuimos creados, qué sucede cuando morimos, y cómo podemos vivir cual pueblo de Dios que ha sido salvado por gracia mediante la fe en Jesús nuestro Salvador. La Biblia es la palabra de Dios, un libro en el que se puede confiar y que ha sido transmitido con precisión de generación en generación, sin que se perdiera nada esencial. Los relatos, desde el diluvio hasta la vida de Jesús, pueden verificarse geológica, geográfica, histórica, y arqueológicamente. Es cierto, no sólo para mí que vivo en la posmodernidad, sino para todos nosotros.

Sin embargo, en la posmodernidad no sólo se rechaza el concepto de una verdad universal, sino que también la religión está signada a ser irrelevante, según comentamos al final del capítulo anterior. Por medio de la privatización, las personas levantan una barrera entre sus vidas privadas y públicas al vivir una "verdad de dos pisos", según lo describe el filósofo cristiano Francis Schaeffer. Imagínese un edificio de dos pisos. El piso inferior de la verdad de dos pisos es el imperio de la razón, un área de conocimientos y realidades objetivos y científicos. En este piso, el grito de batalla es: "Verdadero para todo el mundo", ya que nadie puede discutir realidades racionales y verificables, como dos más dos son cuatro. Sin embargo, en el piso superior de la verdad de dos pisos se encuentra el imperio de la fe, un área de preferencias y valores subjetivos y personales. Aquí se impone la frase: "Es verdad para usted, pero no para mí." Creer que Jesús es el Salvador y Señor es una verdad para mi vida personal; no es objetivamente verdadero o verificable.[174]

La verdad de dos pisos: los imperios de la razón y las realidades objetivas, junto con la fe y los valores subjetivos.

La dificultad de dar testimonio en la era actual de la posmodernidad se debe a que por causa de esta dicotomía, o verdad de dos pisos, se respeta la religión, pero pasa a ser irrelevante. Es ni más ni menos que la convicción personal de usted; no es algo que podamos aducir en la arena pública, ya que no existen verdades universales para todos. Respecto a temas como el aborto, células madre embrionarias, y la homosexualidad, tiene mucho para decir el piso inferior de la razón de la verdad de dos pisos. Es el área de la ciencia y las realidades objetivas. Pero no es así para el piso superior de la fe; allí sólo hay sentimientos y preferencias subjetivos. Martin Marty, historiador de religión, dice: "Es la primera vez en la historia en que el cristianismo ha sido encasillado en la esfera privada y en gran medida ha dejado de expresarse en la esfera pública."[175]

En la era posmoderna de la verdad de dos pisos, la religión se respeta pero es irrelevante.

¿Cuál es el mejor modo de presentar un testimonio eficaz hoy día?

Si los cristianos ceden a la tentación de no hablar, y guardan "la verdad cristiana" para sí mismos en el área privada de sus vidas o en nuestras iglesias, ¿de qué sirve nuestra religión? Lo discutimos en el capítulo anterior. Por lo demás, lo de separar la vida privada de la pública es algo propio del occidente, y es la mayor barrera para el poder de la Palabra en nuestra cultura.[176] La expresión "guárdese su religión para usted", se fundamenta sobre la idea de que la posición que usted asume respecto de un tema público no es una verdad objetiva, sino un prejuicio subjetivo. ¿Cómo daremos un testimonio eficaz hoy día, confrontados con esta manera de pensar?

Testimonio eficaz

Lo que debemos recordar es uno de los principios enunciados al comienzo de este libro: Todas las cosmovisiones arrancan con presuposiciones. Nancy Pearcey lo expresa así:

> **Otros hay que promueven sus propios puntos de vista como imparciales y racionales, adecuados para la arena pública, mientras denuncian los puntos de vista religiosos como tendenciosos o llenos de prejuicios. Tal táctica a menudo ha intimidado a los cristianos, haciendo que nos pongamos a la defensiva respecto de nuestra fe... El error consiste en creer que hay tal cosa como teorías imparciales o neutrales, a las que no afecta ningún tipo de presuposiciones religiosas o filosóficas.**[177]

Cuando llegamos a comprender que todas las cosmovisiones arrancan con presuposiciones, y lo sacamos a la luz para tratarlo con el público, ayuda a la discusión, porque ahora todos pueden pensar por medio de presuposiciones que fueron asimiladas previamente sin mucho discernimiento.

Recuerde: todas las cosmovisiones arrancan con presuposiciones.

Tome por ejemplo el concepto de la existencia de Dios: o existe, o no existe. Comenzar con cualquiera de las presuposiciones lo lleva por dos senderos dramáticamente diferentes. O tome el concepto de que no hay verdad. ¿Cómo lo sabe? ¿No es una declaración de la verdad en sí misma y de sí misma? Una de las claves para dar testimonio es ayudar a las personas a reconocer sus presuposiciones.

Otra clave para dar testimonio es entender cuál es el lugar que le corresponde a la apologética. Conocer los hechos no salva; Jesús salva por el poder del Espíritu Santo, cuando nuestra condición pecaminosa nos condena y estamos convencidos de que Jesús es nuestro Salvador. Los hechos presentados en este libro tienen la intención de demostrar la fiabilidad de la Biblia y la veracidad de su mensaje. Sin embargo, los argumentos del libro, que defienden a las Escrituras y la historicidad de Jesús, serán de utilidad solamente cuando los incrédulos queden convencidos de la validez de los conceptos de verdadero y falso. Dentro de nuestra cultura posmoderna hay muchos que no creen en estos conceptos.

En la cultura posmoderna, hay muchos que no creen en lo que es verdadero y falso; uno ve si algo funciona.

No hay verdad, tan sólo hay creencias que son producto de la subjetividad humana. No se prueba si algo es objetivamente verdadero; se ve si funciona o tiene efectos positivos en las vidas de las personas que lo creen. Por ejemplo: ¿hace que se sientan felices, o que tengan un propósito? Lo que hace que algo sea verdadero es que sea pragmático.[178] Con mucho acierto apunta Josh McDowell: "Esta generación, por regla general, no pregunta: ¿'es verdad?', sino que más bien pregunta: '¿funciona?'"[179] Otros insisten en que ser ortodoxo ya no tiene importancia. Hacer lo que funciona para usted es lo que importa. Si esto significa ir a la misa católica en su camino a la práctica de yoga y centro de retiro budista, bienvenido sea.[180] De manera que si ser católico budista puede parecer contradictorio desde el punto de vista de la lógica, no lo es sin embargo para el posmodernista.

Pero es aquí donde debemos ayudar a las personas a aquilatar sus creencias antes de mostrarles la verdad de la Biblia, según reflexionamos previamente. Si todas las creencias no son en realidad verdaderas, sino solamente útiles, entonces este concepto posmoderno en sí mismo no es verdadero tampoco. Una declaración que se socava a sí misma es derrotista o absurda en su propio marco referencial.[181] Un ejemplo es un soltero casado. ¡No existe tal cosa! Si los posmodernistas afirman que no hay verdad, sino sólo lo que a usted le sirve, ¿por qué debemos prestarles atención? Su propia afirmación encaja en la categoría de que no hay verdad.

Si no hay verdad, sino sólo creencias desarrolladas, ¿por qué prestarle atención al posmodernismo?

Además de esto, podemos puntualizar que siendo que no hay verdad, no hay tampoco una medida para evaluar si lo que funciona es bueno o malo, correcto o incorrecto. ¿Mentir es malo? ¿Engañar es bueno? Si la medida de la verdad es que algo simplemente funciona, entonces la "viabilidad inmediata" dará lugar a la gratificación instantánea y a soluciones temporales que no tienen que ver necesariamente con la moralidad.[182] Simplemente consiguen lo que uno quiere. Peor aún, con frecuencia es la ocasión para que los más poderosos consigan lo que ellos quieren, con el consiguiente sufrimiento de los demás.

Si no hay verdad, entonces no hay una medida que indique si lo que funciona es bueno o malo.

Por lo demás, las creencias pueden ser útiles y falsas; tomemos, por ejemplo, "creer en Papá Noel". Decirles a los niños que se porten bien para que "Papá Noel" les traiga regalos en Nochebuena puede ser considerado de cierta utilidad, pero la realidad es que no hay tal personaje que baje por la chimenea. Otro ejemplo de que una creencia falsa puede ser útil es el sesgo político que explica la "Guerra del Golfo" de 1991. Un posmodernista incluso fue al extremo de afirmar que la "Guerra del Golfo" no fue algo real, sino algo simulado para los noticiarios (CNN).[183] El hecho de que hubo personas que murieron no se tuvo en cuenta al hacer la ecuación. Realmente tiene que ver si lo que se cree es verdadero, y no sólo cómo lo hace sentir a uno.

Esto nos lleva a otra clave para dar testimonio hoy: ¿se ajusta la cosmovisión a la realidad? Volviendo a la verdad de los dos pisos, la barrera entre la fe y la razón: no explica la vida tal como la conocemos. En el piso bajo de la razón se nos dice que somos animales evolucionados en un mundo azaroso, sin propósito alguno. Desde todos lados se nos bombardea con la evolución: la televisión, el cine, la educación, los museos, etc. Aún así, en el piso superior de la fe, se nos dice también que actuemos con dignidad y respeto, que tratemos a los demás de manera justa, que seamos gentiles y amables. ¿Por qué? ¿De dónde surgieron estos pensamientos y emociones? ¿Por qué habríamos de hacerle caso a tales preceptos si no hay Dios, y todas las religiones, y para el caso todos los demás conceptos, son sólo historias ideadas por el hombre para que las acepten las personas que las sociedades subordinaron con esa finalidad? "He aquí la tragedia de la era posmoderna: las cosas más importantes de la vida: la libertad y la dignidad, el sentido y el significado, han quedado reducidas a tan sólo engaños útiles. Optimismo a ultranza. Misticismo irracional."[184]

La verdad de dos pisos, la barrera entre la fe y la razón, no explica la vida tal como la conocemos.

Esta manera de pensar suscita tensión en las personas. ¿Hay Dios? La presuposición es que no lo hay. Si somos animales evolucionados, entonces, ¿por qué habríamos de tratar bien a los demás? ¿No debería yo mentir, engañar y robar para conseguir lo que quiero? Es algo que lleva a la confusión y falta de sentido para la vida. "Produce una división interior entre lo que las personas creen que saben y lo que con desesperación quieren creer (que nuestras vidas tienen un propósito y significado)"[185] Nos damos a procurar dinero, drogas, todo tipo de relaciones, o lo que sea que nos dé un propósito, porque no hay verdad sino simplemente todo lo que sea que subjetivamente creemos. Pero ésta no es nuestra experiencia. Observamos en el universo una belleza con designio, sentimos culpa cuando hacemos algo malo, y oímos hablar acerca del amor de Dios en Cristo Jesús. Y ésta es la mejor manera de dar testimonio, puntualizar la distinción que existe entre lo que las personas creen y lo que saben por experiencia.

Describa con todas sus circunstancias la distinción entre lo que las personas creen y lo que saben por experiencia.

El mejor testimonio surge cuando se deja a las personas examinar el punto de partida de la presuposición de su cosmovisión, echar después una mirada a su filosofía de la realidad y su ética de vida, y finalmente pedirles que contrasten su cosmovisión con la realidad que las rodea. ¿Creen que no hay Dios? ¿Cómo lo saben? ¿Creen en la evolución? ¿Por qué existe orden a partir de una explosión caótica, en la teoría del big bang? ¿Cómo surgió la vida de la ausencia de vida, aunque la ley de la biogénesis dice que no puede? ¿Hay algo así como un comportamiento indebido, o existen límites para lo que podamos hacer? ¿Quiénes lo deciden? ¿Por qué pueden decidir? ¿Por qué todas las culturas tienen leyes? Cuando una cosmovisión apunta hacia una determinada dirección mientras que la experiencia de la vida apunta hacia otra, en ese caso no es posible vivir en base a la cosmovisión profesada. No es una "guía funcional para navegar por el mundo".[186] El mapa es inservible.

A medida que avanzamos, tenemos que mostrar que el cristianismo es la verdad unificada en ambos niveles, el de la fe y la razón. Funciona en la vida cotidiana, y hasta se ajusta a los hechos de la verdad objetiva verificable. El cristianismo satisface tanto intelectual como espiritualmente. En la verdad de dos pisos, el nivel inferior de la razón queda satisfecho porque el cristianismo se planta frente a las pruebas racionales e históricas. La mayor parte de este libro trató de estas cuestiones. En el nivel superior de la fe, cumple con nuestras más profundas exigencias espirituales. ¿Soy amado? ¿Estoy perdonado? ¿Mi vida tiene sentido? Las respuestas son: "¡Sí", en Jesús! Nancy Pearcey lo expresó insuperablemente:

> Lo que el cristianismo ofrece es una verdad unificada e integrada, que está en contraste total con el concepto de dos niveles de la verdad del mundo secular... El cristianismo se apoya en hechos históricos que, al mismo tiempo, expresan los más elevados significados espirituales. No existe una división en niveles de verdad contradictorios y opuestos, y por lo tanto no existe tampoco una división en la vida interior de una persona. El cristianismo satisface tanto nuestros anhelos racionales como espirituales. Ciertamente son buenas nuevas. Estamos capacitados para ofrecerle al mundo una verdad unificada que satisface intelectualmente, y que al mismo tiempo sacia nuestra más profunda exigencia de belleza y significado... Es cierto no sólo acerca de un aspecto limitado de la realidad, sino de la realidad total. Es realidad absoluta.[187]

El cristianismo es la verdad en ambos niveles, y satisface las exigencias espirituales al mismo tiempo que se mantiene firme frente a las pruebas.

Una cosmovisión cristiana

En resumen, esta verdad total, la cosmovisión cristiana, es un punto de vista acerca del mundo apoyado en información bíblica. El cristianismo arranca con la presuposición de que Dios existe debido al orden que hay en el universo y al orden moral en el mundo. Por lo general Dios se manifiesta por medio de la naturaleza y, más concretamente, por medio de su Palabra. Él, que es perfecto e inmutable, es la fuente de toda verdad. Aunque Dios creó un mundo perfecto, la humanidad, por el pecado, se rebeló en contra de él y lo echó todo a perder. A fin de restaurar la relación con Dios, Jesucristo vino para salvar a los pecadores. Jesús le dijo a Zaqueo, el cobrador de impuestos: "Porque el Hijo del hombre vino a buscar y a salvar lo que se había perdido" (Lucas 19:10). Pero Jesús vino también para dar testimonio de la verdad. Mientras Poncio Pilato lo juzgaba, expresó: "–Eres tú quien dice que soy rey. Yo para esto nací, y para esto vine al mundo: para dar testimonio de la verdad. Todo el que está de parte de la verdad escucha mi voz" (Juan 18:37). O hay verdad, o hay mentiras. ¿De qué lado se encuentra usted?

Una cosmovisión cristiana es un punto de vista acerca del mundo apoyado en información de la Biblia.

La cruda verdad es que todos son pecadores, todo el mundo transgredió la ley de Dios y no merece otra cosa sino castigo por su maldad. Las personas se sienten culpables por las cosas malas que hicieron, porque: "De hecho, cuando los gentiles, que no tienen la ley, cumplen por naturaleza lo que la ley exige, ellos son ley para sí mismos, aunque no tengan la ley" (Romanos 2:14). Al leer la palabra de Dios, la Biblia, ésta les revela las leyes en particular que transgredieron, añadiendo más culpa, porque... "nadie será justificado en presencia de Dios por hacer las obras que exige la ley; más bien, mediante la ley cobramos conciencia del pecado" (Romanos 3:20). Sin embargo, si las personas se mantienen constantes en la lectura de la palabra de Dios, ésta no sólo les mostrará su pecado, les mostrará su Salvador.

> Pero ahora, sin la mediación de la ley, se ha manifestado la justicia de Dios, de la que dan testimonio la ley y los profetas. Esta justicia de Dios llega mediante la fe en Jesucristo, a todos los que creen. De hecho, no hay distinción, pues todos han pecado y están privados de la gloria de Dios, pero por su gracia son justificados gratuitamente mediante la redención que Cristo Jesús efectuó. (Romanos 3:21-24)

La ley pone al descubierto nuestro pecado; el evangelio nos muestra a nuestro Salvador.

De modo que el cristianismo es lo que Nancy Pearcey llama verdad absoluta; es la verdad respecto de toda la realidad, para todas las personas y épocas. Y es el mapa para navegar acertadamente por el mundo a fin de vivir una vida de pureza y buen comportamiento, en concordancia con lo que Dios espera de nosotros. Dios existe, y es él quien creó todo. Con amor redimió al género humano mediante la muerte y resurrección de Jesús después de que nosotros nos rebelamos. Él sabe lo que más nos conviene, ya que él nos hizo. Y como si no bastara con lo malos que fueron Adán y Eva al rechazar a Dios y su mundo de perfección, hoy nosotros continuamos rechazando a su Hijo y su plan de llevar a la perfección nuestras almas pecadoras. El apóstol Pablo dice: "Cambiaron la verdad de Dios por la mentira, adorando y sirviendo a los seres creados antes que al Creador" (Romanos 1:25). Rechazamos a Dios y su plan, justamente así como Adán y Eva, porque creemos que nuestra manera de vivir es mejor, y cambiamos la cosmovisión verdadera por otras falsas.

El cristianismo es la verdad absoluta, la verdad respecto de toda la realidad, para todas las personas y épocas.

Discernimiento bíblico

Lamentablemente, hoy día hay muchos que confiesan a Jesús como su Salvador, pero ni siquiera se dan cuenta de cuánto las demás cosmovisiones afectaron su mentalidad. Ya sea el posmodernismo o el humanismo secular, o cualquier otro "ismo" que usted quiera nombrar, lo cierto es que los cristianos inmersos en otras cosmovisiones quedan moldeados inconscientemente por las presuposiciones de éstas. Exactamente así como usar los anteojos de otra persona afecta nuestra visión, del mismo modo si adoptamos la cosmovisión de otra persona, ésta afectará nuestra percepción de la realidad.[188] Por esto la Biblia nos insta a pensar con criterio, y que sea ésta el fundamento y la norma para medir la verdad. Debemos examinar cuidadosamente todos los conceptos y probarlos con la Biblia, en vez de absorberlos como una esponja, sin discernimiento. Pablo nos manda: "Sométanlo todo a prueba, aférrense a lo bueno, eviten toda clase de mal" (1 Tesalonicenses 5:21-22). Y en 2 Corintios 10:5 dice: "Destruimos argumentos y toda altivez que se levanta contra el conocimiento de Dios, y llevamos cautivo todo pensamiento para que se someta a Cristo." No verifiquen sus cerebros sólo en la puerta de entrada al aula o cuando lean algo; tomen esos conceptos, llévenlos cautivos al Señor de la verdad y su Palabra, y pruébenlos confrontándolos con la Escritura. Por ejemplo, si la discusión trata acerca de si las personas son básicamente buenas o no, pregúntense si es un punto de vista bíblico acerca de la naturaleza humana. La Biblia, lo mismo que nuestra experiencia cotidiana, nos revela que los seres humanos no somos fundamentalmente buenos o neutrales; somos pecadores, lo cual explica las terribles decisiones que las personas toman a diario.

Amoldarse inconscientemente a la cosmovisión de otro, afecta la percepción de la realidad.

Estas "otras" cosmovisiones nos circundan por todos lados, tal como fue en tiempos de Pablo. De ahí que les aconsejó a los cristianos de Colosas: "Cuídense de que nadie los cautive con la vana y engañosa filosofía que sigue tradiciones humanas, la que va de acuerdo con los principios de este mundo y no conforme a Cristo" (Colosenses 2:8). Hay enseñanzas basadas en conceptos humanos que en última instancia no satisfacen el hambre intelectual y espiritual que todos tienen. El único que puede satisfacer estas necesidades es Cristo, "en quien están escondidos todos los tesoros de la sabiduría y del conocimiento" (Colosenses 2:3). De modo que Pablo advirtió a sus lectores a no dejarse cautivar por filosofías mentirosas. Si no analizamos las cosmovisiones –la presuposición de arranque, la filosofía de lo que es la realidad por lo que se refiere al reino natural y sobrenatural, y los estándares éticos en cuanto a cómo vivir—entonces compraremos las mentiras que están a la venta. En cuanto hayamos comprado las mentiras, y nuestra mente se haya dado a pensar de cierta manera, todas nuestras acciones seguirán por esa senda. Por esto debemos dejarnos iluminar con la verdad de Dios por medio del poder del Espíritu Santo, a fin de librarnos de tal prisión. Pablo escribió en Romanos 12:2: "No se amolden al mundo actual, sino sean transformados mediante la renovación de su mente. Así podrán comprobar cuál es la voluntad de Dios, buena, agradable y perfecta." Cuando Dios le revele la verdad y transforme su mente al renovarla con la luz de la verdad, entonces vivirá de acuerdo con su Palabra, y probará con la Biblia lo que es recto y verdadero confrontándolo con lo que no lo es.

Examine todos los conceptos y pruébelos con la Palabra; deje que Dios cambie su mente con su Palabra.

La necesidad de entender las cosmovisiones

Muchos de los conceptos que circundan el planeta están diametralmente opuestos a la palabra de Dios. Las cosmovisiones engendran ideas, y el mundo gira en torno a estos conceptos, tales como la macro-evolución, la yihad, el infanticidio, o la nueva tolerancia.[189] Obviamente, son ideas que tienen consecuencias. Considerado desde una cosmovisión cristiana, la gente pecadora produce ideas malas que tienen consecuencias negativas. Esto explica la realidad de la vida según la vemos a diario. Sin embargo los cristianos necesitan entender lo que los demás creen, y por qué. Nancy Pearcey escribe:

> **Antes de salir de casa, ellos deberían estar bien compenetrados con todos los "ismos" que les saldrán al encuentro, desde el marxismo al darwinismo y posmodernismo. Lo mejor es que los creyentes jóvenes se enteren acerca de estos conceptos de boca de sus padres,**

pastores, y guías juveniles. Éstos los podrán entrenar en estrategias que analicen ideologías que compitan con la propia.[190]

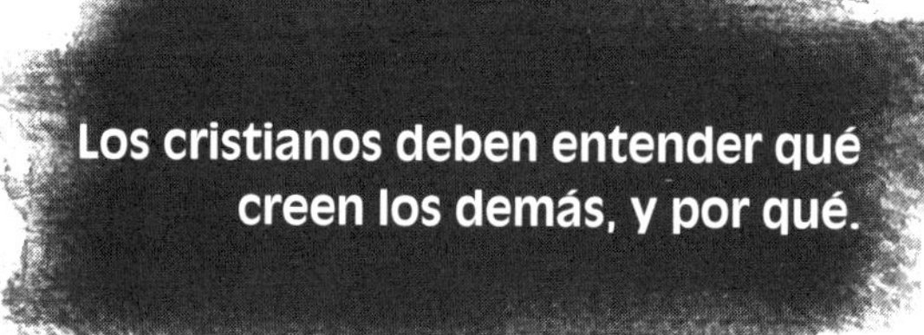

¿Por qué molestarse en analizar diferentes cosmovisiones? ¿No nos basta con estudiar todo lo que nos brinda la Biblia? Estudiamos la Biblia y también las demás cosmovisiones, porque lo que está en juego son almas y también instituciones. Los cristianos tienen que hacer notar la diferencia; se nos envía al mundo con la Gran Comisión: "Por tanto, vayan y hagan discípulos de todas las naciones, bautizándolos en el nombre del Padre y del Hijo y del Espíritu Santo, enseñándoles a obedecer todo lo que les he mandado a ustedes" (Mateo 28:19-20). Lo que está en juego son las vidas de las personas, su modo de vida, y sus almas inmortales; de ahí que analizamos lo que los demás creen. El amor de Cristo nos motiva a hablar.

Lo que está en juego son las vidas de las personas, su modo de vida, y sus almas inmortales.

Además, si entendemos su cosmovisión, mejorará nuestra manera de dar testimonio. "Como cristianos tenemos el llamamiento de ser misioneros en el mundo, y eso significa aprender el lenguaje y el modo de pensar de las personas con las que queremos comunicarnos."[191] Según discutimos anteriormente, el mejor modo de conseguir una apertura para dar testimonio es sacar a la luz el conflicto acerca de lo que las personas creen, pero saben por experiencia. Si hay quienes afirman que las personas son fundamentalmente buenas, pregúnteles si de noche echan cerrojo a las puertas de sus casas. Si las personas son buenas, no tendrían por qué hacerlo. ¿A qué le temen? Si hay quienes afirman que somos animales evolucionados, pregúnteles si se sienten molestos al enterarse que asesinaron a alguien. Si somos animales, no deberían sentirse molestos, porque en la naturaleza los animales se matan unos a otros todos los días. La inconsecuencia de las personas, en el caso en que su cosmovisión apunta hacia una dirección mientras que su experiencia de la vida apunta hacia otra, revela que su mapa no funciona. Pero, en primer lugar, usted tiene que investigar y analizar la procedencia de las personas.

Investigue, en primer lugar, y analice la procedencia de las personas.

Debido a esto Pablo estuvo preocupado con los incrédulos de Atenas, e hizo algo al respecto. Había investigado, y conocía la cosmovisión de ese pueblo.

> **Mientras Pablo los esperaba en Atenas, le dolió en el alma ver que la ciudad estaba llena de ídolos. Así que discutía en la sinagoga con los judíos y con los griegos que adoraban a Dios, y a diario hablaba en la plaza con los que se encontraban por allí. Hechos 17:16-17**

Pablo se sintió muy perturbado por la situación de los no creyentes de Atenas; de modo que razonó con ellos diariamente en la sinagoga y en el mercado. ¿Con qué finalidad? ¿Para ser conocido como el hombre más inteligente de Atenas? De ningún modo. Pablo comparte con nosotros su motivación para dar testimonio en 1 Corintios 9:22-23: "Entre los débiles me hice débil, a fin de ganar a los débiles. Me hice de todo para todos, a fin de salvar a algunos por todos los medios posibles. Todo esto lo hago por causa del evangelio, para participar de sus frutos."

Pablo conocía la verdad. También conocía el corazón de Dios; lo expresó magistralmente en 1 Timoteo 2:3-4: "Esto es bueno y agradable a Dios nuestro Salvador, pues él quiere que todos sean salvos y lleguen a conocer la verdad." Ésta es la verdad: Dios nos hizo, nosotros pecamos, y quedaremos separados de él eternamente debido a nuestro pecado, a no ser que acojamos la salvación que él provee por medio de Jesucristo, por gracia mediante la fe.

Recuerde que Jesús dijo: "Yo para esto nací, y para esto vine al mundo: para dar testimonio de la verdad. Todo el que está de parte de la verdad escucha mi voz" (Juan 18:37). Es el motivo por el que Jesús manifestó: "Yo soy el camino, la verdad y la vida… Nadie llega al Padre sino por mí" (Juan 14:6).

Dios tiene las respuestas a las preguntas de la vida. Él nos provee del mapa que nos guía a la vida eterna en el cielo mediante la fe en la salvación de Jesús, al mismo tiempo que nos guía también en la vida cotidiana a fin de que vivamos acordes con la voluntad de Dios. Ruego a Dios que usted conozca a Jesús, el camino, la verdad y la vida.

Notas

George Barna, *The State of the Church: 2002* (Ventura, CA: Issachar Resources, 2002), p. 110.

[2] Christian Smith, *Soul Searching: The Religious and Spiritual Lives of American Teenagers* (New York, NY: Oxford University Press, 2005), p. 89.

[3] George Barna, *Third Millennium Teens* (Ventura, CA: Barna Research Group, Ltd., 1999), p. 47.

[4] Josh McDowell, *The Last Christian Generation* (Holiday, FL: Green Key Books, 2006), pp. 41–49.

[5] Ibíd., pp. 57–65.

[6] Josh McDowell, *The New Evidence that Demands a Verdict* (Nashville, TN: Thomas Nelson Publishers, 1999), p. xl.

[7] David Noebel, *Understanding The Times* (Manitou Springs, CO: Summit Press, 2006), p. 16.

[8] John MacArthur, "What's Your Worldview?" *Answers*, July–September 2006, pp. 12–13.

[9] Barna, *Third Millennium Teens*, p. 51.

[10] Eric Gorski, "Survey shows growing religious tolerance," *The Milwaukee Journal Sentinel*, June 25, 2008.

[12] MacArthur, pp. 12–13.

[13] Scott Todd, "A view from Kansas on that evolution debate," *Nature*, September 30, 1999, p. 423.

[14] Nancy Pearcey, *Total Truth: Liberating Christianity from Its Cultural Captivity* (Wheaton, IL: Crossway Books, 2005), p. 23.

[15] Carl Sagan, *Cosmos* (New York, NY: Random House, 1980), p. 4.

[16] Pearcey, p. 23.

"Students Protest Princeton Professor Who Advocates Infanticide." Disponible en Internet en http://www.euthanasia.com/prince.html (Enero 2009).

[17] Noebel, p. 14.

[18] *The Truth Project*. Dir. Simon Scionka. With Del Tackett. Focus on the Family, 2006.

[19] Pearcey, p. 42.

[20] Noebel, p. 17.

[21] *American Heritage Dictionary*. William Morris, ed. (Boston, MA: Houghton Mifflin Company, 1978).

[22] Noebel, p. 17.

[23] *The Truth Project*

[24] Pearcey, p. 314.

[25] Sagan, p. 4.

[26] Paul Kurtz, *Humanist Manifestos I and II* (Amherst, NY: Prometheus Books, 1973), p. 8.

[27] "What does entropy have to do with the Bible and refuting compromise regarding the Bible?" Disponible en Internet en http://www.answersingenesis.org/e-mail/archive/AnswersWeekly/2007/0602.asp (Febrero 2009).

[28] Max Jammer, *Einstein and Religion* (Princeton, NJ: Princeton University Press, 1999), p. 48.

[29] Sharon Begley, "Science Finds God," *Newsweek*, July 20, 1998, p. 48.

[30] *Frontiers of Modern Biology on Theories of Origin of Life* (New York, NY: Houghton Mifflin, 1972), p. 187.

[31] *X-Men*. Dir. Bryan Singer. With Patrick Stewart. 20th Century Fox, 2000.

[32] Michael Behe, *The Edge of Evolution* (New York, NY: Free Press, 2007), pp. 141–142.

[33] John Sanford, *Genetic Entropy and the Mystery of the Genome* (Lima, NY: Ivan Press, 2005), p. 40.

[34] Tom Bethel, *The Politically Incorrect Guide to Science* (Washington, DC: Regnery Publishing, 2005), p. 218.

[35] Begley, p. 48.

[36] *In 6 Days*. Disponible en Internet en http://www.answersingenesis.org/home/area/isd/Sarfati.asp (Junio 2009).

[37] "Evidence for a Young World." Disponible en Internet en http://www.answersingenesis.org/docs/4005.asp (Julio 2009).

[38] Ken Ham, *The New Answers Book 2* (Green Forest, AR: Master Books, 2008), p. 241.

[39] "How old is the earth?" Disponible en Internet en http://www.answersingenesis.org/articles/2007/05/30/how-old-is-earth#fnMark_1_24_2 (Junio 2009).

[40] "Noah's Flood: Where did the water come from?" Disponible en Internet en http://www.answersingenesis.org/home/area/tools/flood-waters.asp (Julio 2009).

[41] *In 6 Days.*

[42] Alan Moore, *Watchmen, Volume 6* (New York, NY: DC Comics, 1987), p. 28.

[43] Pearcey, p. 48.

[44] Ibíd., p. 55.

[45] Charles Colson, *The Faith* (Grand Rapids, MI: Zondervan, 2008), p. 77.

[46] John Fountain, "Taking aim at evil," *Milwaukee Journal Sentinel,* December 3, 2000.

[47] Pearcey, p. 55.

[48] Robert Hutchinson, *The Politically Incorrect Guide to the Bible* (Washington, DC: Regnery, 2007), p 193.

[49] Ibíd., p. 14.

[50] David van Biema, "God vs. Science," *Time*, November 5, 2006. Disponible en Internet en http://www.time.com/time/magazine/article/0,9171,555132,00.html

[51] Sharon Begley, "Don't Blame the Caveman," *Newsweek*, June 29, 2009, p. 53.

[52] Ibíd., p. 54.

[53] Pearcey, p. 218.

[54] "One third of Americans believe that the Bible is literally true," Disponible en Internet en http://www.gallup.com/poll/27682/OneThird-Americans-Believe-Bible-Literally-True.aspx (Julio 2009).

[55] Edward Koehler, *A Summary of Christian Doctrine* (St. Louis, MO: Concordia Publishing House, 1971), p. 5.

[56] McDowell, *The New Evidence that Demands a Verdict*, pp. 17–18.

[57] Ibíd., p. 79.

[58] Ibíd., p. 76.

[59] Disponible en Internet en http://www.isionline.org/pdfs/Religion%20Profiles/Word%20of%20God%202004.PDF (Julio 2009).

[60] Ibíd., p. 35

[61] Ibíd., p. 38.

[62] Archer, Gleason L., *Encyclopedia of Bible Difficulties* (Grand Rapids, MI: Zondervan, 1982), p. 12.

[63] Dan Brown, *The Da Vinci Code* (New York, NY: Anchor Books, 2003), p. 251.

[64] McDowell, *The New Evidence that Demands a Verdict*, p. 21.

[65] Ibíd., p. 26.

[66] Ibíd., p. 22.

[67] Martin Franzmann, *The Word of the Lord Grows* (St. Louis, MO: Concordia Publishing House, 1961), pp. 288–289.

[68] Ibíd., pp. 288, 290.

[69] Ibíd., pp. 287, 292.

[70] McDowell, *The New Evidence that Demands a Verdict,* pp. 29, 31–32.

[71] Duane Gisch, *Dinosaurs by Design* (Green Forest, AR: Master Books, 1992), pp. 74–75.

[72] Pam Sheppard, "Tongue Twisting Tales," *Answers*, April–May 2008, pp. 56–57.

[73] Ken Ham, *The New Answers Book* (Green Forest, AR: Master Books, 2006), p. 133.

[74] Ibíd., p. 137.

[75] Ibíd., p. 135.

[76] Ibíd., p. 135.

[77] "Noah's Flood: Where did the water come from?" Available online at http://www.answersingenesis.org/home/area/tools/flood-waters.asp (Julio 2009).

[78] Andrew Snelling, "Catastrophic Breakup," *Answers*, April-June 2007, pp. 44-48.

[79] John Whitcomb, *The World That Perished* (Grand Rapids, MI: Baker Book House, 1988), p. 25.

[80] Ham, *The New Answers Book*, p. 130.

[81] Ibíd., p. 129.

[82] Ibíd., p. 130.

[83] Tim Lovett, "Thinking Outside the Box," *Answers*, April-June 2007, p 27.

[84] Whitcomb, p. 24.

[85] Ibíd., p. 130.

[86] Ham, *The New Answers Book*, p. 138.

[87] Ibíd., p. 225.

[88] Ibíd., p. 229.

[89] John Whitcomb and Henry Morris, *The Genesis Flood: The Biblical Record and Its Scientific Implications* (Phillipsburg, NJ: Presbyterian and Reformed Publishing, 1961), p. 86.

[90] Ham, *The New Answers Book* , p. 145.

[91] Andrew Snelling, "High and Dry Sea Creatures", *Answers*, January-March 2008, pp. 92–95.

[92] Whitcomb, p. 44.

[93] "What is the most compelling scientific evidence of a young earth?" Disponible en Internet en http://www.answersingenesis.org/home/area/feedback/2006/0303.asp (Julio 2009)

[94] Andrew Snelling, "The World's a Graveyard", *Answers*, April-June 2008, pp. 76–79.

[95] Andrew Snelling, "Transcontinental Rock Layers", *Answers*, July-September 2008, pp. 80–83.

[96] Andrew Snelling, "No Slow and Gradual Erosion", *Answers*, January-March 2009, pp. 96–99.

[97] John Whitcomb, p. 75.

[98] "What is the most compelling scientific evidence of a young earth?" Disponible en Internet en http://www.answersingenesis.org/home/area/feedback/2006/0303.asp (Julio 2009)

[99] Andrew Snelling, "Rock Layers Folded not Fractured", *Answers*, April-June 2009, pp. 80–83.

[100] *The Incredible Discovery of Noah's Ark*, Dir. Henning Schellerup, Grizzly Adams Productions, 1993.

[101] Ibid and "Eyewitness List Disponible en Internet en http://www.noahsarksearch.com (Julio 2009).

[102] John Morris, "Has Noah's Ark Been Found?" *Answers*, April-June 2007, pp. 70–73.

[103] Ham, *The New Answers Book*, p. 158.

[104] Whitcomb, p. 80.

[105] Ibíd., p. 83.

[106] Ham, *The New Answers Book*, p. 167.

[107] Michael Oard, "Setting the Stage for an Ice Age" *Answers*, April-June 2007, pp. 59–61.

[108] Ham, *The New Answers Book 2*, p. 132.

[109] Ham, *The New Answers Book*, p. 170.

[110] Ham, *The New Answers Book 2*, p. 118.

[111] Ham, *The New Answers Book*, pp. 161–162.

[112] "Messages on stone" Disponible en Internet en http://www.answersingenesis.org/creation/v19/i2/stone.asp (Julio 2009).

[113] "Are dinosaurs alive today?" Disponible en Internet en http://www.answersingenesis.org/creation/

v15/i4/dinosaurs.asp (Julio 2009).

[114] "A living dinosaur?" *Creation*, December 2000-February 2001, p. 56.

[115] Ham, p. 159.

[116] Ibíd., p. 160.

[117] Ibíd., p. 159.

[118] McDowell, *The New Evidence that Demands a Verdict*, p 89.

[119] Ibíd., p. 95.

[120] "Solomon" Disponible en Internet en http://home.paonline.com/ahanna/HTML/SOLOMON.htm (Julio 2009).

[121] McDowell, *The New Evidence that Demands a Verdict*, p. 63.

[122] The Mishnah tractate, *Sanhedrin* 43a.

[123] Josephus, *Jewish Antiquities* 18:63.

[124] "Josephus and Jesus" Available online at http://www.4truth.net/site/c.hiKXLbPNLrF/b.2902067/k.C923/Josephus_and_Jesus.htm (Julio 2009).

[125] Josephus, *Jewish Antiquities* 20:200.

[126] Julius Africanus, *Chronography*, 18.1, as quoted in *The New Evidence that Demands a Verdict*, p. 122.

[127] McDowell, *The New Evidence that Demands a Verdict*, p. 122.

[128] Julius Africanus, *Chronography*, 18.1, as quoted in *The New Evidence that Demands a Verdict*, p. 123.

[129] Tacitus, *Annals* XV, 44, as quoted in *The New Evidence that Demands a Verdict*, p. 121.

[130] Lucian, *The Death of Peregrine*, 11–13, as quoted in *The New Evidence that Demands a Verdict*, p. 121.

[131] Suetonius, *Lives of the Caesars*, 26.2. , as quoted in *The New Evidence that Demands a Verdict*, p. 121.

[132] Tacitus, *Annals* XV, 44. , as quoted in *The New Evidence that Demands a Verdict*, p. 121.

[133] Pliny the Younger, Epistles X, 96. , as quoted in *The New Evidence that Demands a Verdict*, p. 122.

[134] Ibid

[135] "Mara bar Serapion on the wise king of the Jews" Available online at http://www.textexcavation.com/marabarserapiontestimonium.html (Julio 2009).

[136] McDowell, *The New Evidence that Demands a Verdict*, p. 136.

[137] Ibíd., p. 205.

[138] Lee Strobel, *The Case for Christ* (Grand Rapids, MI: Zondervan, 1998), p. 192.

[139] McDowell, *The New Evidence that Demands a Verdict*, p. 259.

[140] Ibíd., p. 261.

[141] Strobel, p. 198.

[142] Gerard Joseph Stanley, Jr., MD and Kent Jorgen Burreson, PhD, *He Was Crucified: Reflections on the Passion of Christ* (St. Louis: Concordia Publishing House, 2009) p. 150.

[143] McDowell, *The New Evidence that Demands a Verdict*, p. 266.

[144] Ibíd., p. 267.

[145] Ibid p. 264.

[146] Strobel, *The Case for Christ*, p. 239.

[147] Ibíd., p. 238.

[148] Ibíd., p. 218.

[149] Merrill Unger, *Unger's Bible Dictionary* (Chicago: Moody Press, 1966) p. 138.

[150] "The Word—Why trust the Bible?" Disponible en Internet en http://www.slideshare.net/schumacr/the-word- why-trust-the-bible-1638014 (Agosto 2009).

[151] C. S. Lewis, *Mere Christianity* (New York: HarperSanFrancisco, 1952), p.52.

[152] Josephus, *Jewish Antiquities* 18:63. , as quoted in *The New Evidence that Demands a Verdict*, p. 125.

[153] "Major religions of the world ranked by number of adherents." Disponible en Internet en http://www.adherents.com/Religions_By_Adherents.html (Agosto 2009)

[154] *American Heritage Dictionary*. William Morris, ed. (Boston, MA: Houghton Mifflin Company, 1978).

[155] John Stonestreet, "Understanding Postmodernism" in *Understanding The Times Curriculum* (Manitou Springs, CO: Summit Press, 2006), pp. 63–66.

[156] Josh McDowell, *The Last Christian Generation* (Holiday, FL: Green Key Books, 2006), p. 43.

[157] Noebel, p. 121.

[158] Ibíd., p. 120.

[159] McDowell, *The Last Christian Generation*, p. 43.

[160] Paul Kurtz, *Humanist Manifesto 2000* (Amherst, NY: Prometheus Books, 1973), p. 22.

[161] Pearcey, p. 243.

[162] Noebel, p. 120.

[163] Ibíd., pp. 120–121.

[164] "Postmodernism and the Christian Life." Disponible en Internet en http://www.boundless.org/features/a0000917.html (Agosto 2009).

[165] Edward Koehler, *A Summary of Christian Doctrine* (St. Louis, MO: Concordia Publishing House, 1971), p. 2.

[166] Noebel, p. 124.

[167] "State homicide laws that recognize unborn victims." Available online at http://www.nrlc.org/Unborn_Victims/Statehomicidelaws092302.html (Agosto 2009).

[168] McDowell, *The Last Christian Generation*, p. 44.

[169] Colson, p. 69.

[170] *The Truth Project*.

[171] "Unplugging Truth in a Morally Suicidal Culture" Disponible en Internet en http://www.rzim.org/CA/Resources/Listen/JustThinking.aspx?archive=1and pid=1027 (Agosto 2009).

[172] McDowell, *The Last Christian Generation*, p. 43.

[173] Pearcey, p. 111.

[174] Ibíd., p. 21.

[175] Ibíd., p. 35.

[176] Ibíd., p. 69.

[177] Ibíd., p. 39.

[178] Ibíd., p. 116.

[179] McDowell, *The Last Christian Generation*, p. 52.

[180] Lisa Miller, "We are all Hindus now," *Newsweek*, August 24 and 31, 2009, p. 70.

[181] Pearcey, p. 217.

[182] McDowell, *The Last Christian Generation*, p. 55.

[183] Noebel, p. 122.

[184] Pearcey, p. 110.

[185] Ibíd., p. 119.

[186] Ibíd., p. 220.

[187] Ibíd., pp. 119, 121.

[188] Ibíd., p. 44.

[189] Noebel, p.14.

[190] Pearcey, p. 126.

[191] Ibíd, p. 149.